Wacker
Meine basische Küche

Die Autorin

15 Jahre, knapp 20 Bücher, über 200 ausgebildete Kursleiter und unzählige begeisterte Fans: Das ist Sabine Wackers Basenfasten-Erfolgsgeschichte. Ihre Methode, die sie selbst gern »Fasten mit Biss« nennt, gehört längst zu den beliebtesten Fastenarten im deutschsprachigen Raum. Frau Wacker ist Heilpraktikerin mit Medizinstudium und Erstem Staatsexamen. Sie leitet eine Praxis in Mannheim, wo sie mit ihren Söhnen lebt, in ihrer basischen Küche neue Rezepte erprobt und mit großer Begeisterung Tango, Salsa und Co. tanzt.

Sabine Wacker

Meine basische Küche

Die besten 170 Rezepte für Ihre Säure-Basen-Balance

INHALT

Inhalt

- 7 Meine Philosophie

- 9 **Ab jetzt wird mein Leben basischer**
- 10 **So wird mein Leben basischer**
- 11 Obst und Gemüse – so oft es geht
- 12 Wie Basenfasten entstanden ist
- 13 Basenfasten – die Wacker-Methode®
- 20 Nicht alle Säurebildner sind schlecht
- 21 Säurebildner vernünftig dosieren
- 22 **Das Abendbrot basischer gestalten**
- 24 Für Kinder: basenreich und fantasievoll
- 26 Basisches außer Haus
- 28 **Tipps für eine basenreichere Küche**

- 33 **Mit diesen Rezepten punkten Sie basisch**
- 34 **Genießen und dabei Basenpunkte sammeln**
- 35 Ihre Grundausstattung
- 39 **Start in den Tag: Säfte und Shakes**
- 47 **Leckere Müslis, die satt machen**
- 54 Salate und Rohkost
- 71 Gemüsesuppen und Eintöpfe
- 82 Gemüse und Pilze
- 98 Basenwunder Kartoffeln
- 107 Getreidevielfalt
- 111 Pseudogetreide – die glutenfreie Alternative zu Weizen und Co.
- 120 Leckeres mit Linsen
- 126 Basenreiches mit Fisch
- 134 Basenreiches mit Fleisch
- 144 Süßes – gar nicht sauer

- 149 Test: Wie basenreich ist Ihr Speiseplan?

- 150 **Rezept- und Zutatenverzeichnis**

- 153 **Stichwortverzeichnis**

- 160 **Impressum**

VORWORT

Meine Philosophie

••• Das Thema Ernährung ist mir sozusagen in die Wiege gelegt worden, denn meine Wurzeln liegen in der Gastronomie – seit Hunderten von Jahren hatten die Vorfahren mütterlicherseits Hotels. Natürlich hätte man sich gewünscht, ich würde das Hotel übernehmen, aber meine Interessen galten weniger der damals üblichen Küche – Tütensuppen und Co. waren gerade im Kommen – als vielmehr dem Essen, das die Natur hervorbringt. Mich hat es schon als Kind in den elterlichen Garten gezogen – dahin, wo es im Sommer blühte und wo leckere Himbeeren, Stachelbeeren, Johannisbeeren, Kirschen, Pflaumen, Pfirsiche, Äpfel und Quitten um die Wette wuchsen. Angeblich habe ich dort den größten Teil meiner Kindheit verbracht. Und ich habe mich tagsüber im Sommer gern davon ernährt. Am schönsten fand ich es, wenn im Sommer meine Oma väterlicherseits kam, die Taschen voll mit Roter Bete aus ihrem Garten. Die hat sie dann bei uns in Weckgläser eingemacht – als Wintervorrat. An diesem Tag gab es meine Leibspeise: Rahmkartoffeln mit Rote-Bete-Salat. Heute esse ich die Kartoffeln lieber ohne Rahm.

So lagen meine Interessen schon früh jenseits des im Badischen traditionellen Sonntagsbratens mit Spätzle und den schrecklich übersüßten Weißmehlkuchen. Und ein Blick auf heutige Speisekarten zeigt: So wirklich geändert haben sich die Zeiten nicht – oder?

Mich hat Frischkost aus dem Garten schon immer fasziniert, denn ich habe mich wohler damit gefühlt. Im Laufe der Jahre habe ich mich mit den verschiedenen Ernährungs- und Gesundheitslehren auseinandergesetzt – von Dr. Bruker angefangen über makrobiotische Ernährung, ayurvedische und Traditionelle Chinesische Medizin bis hin zu Rudolf Steiners Ausführungen über Ernährung. Bei Steiners Auffassungen hat mich immer am meisten fasziniert, dass er betont hat, wie wichtig es ist, sich regional und saisonal zu ernähren – dem kann ich nach meinen langjährigen Erfahrungen nur zustimmen. Und natürlich kam ich auch mit der Säure-Basen-Theorie nach Ragnar Berg in Berührung und war davon von Anfang an fasziniert.

So habe ich meine Jugend vor allem mit Lesen verbracht – ich wollte herausfinden, was den Menschen ausmacht, was ihn glücklich macht, was ihn gesund macht, seine Lebensphilosophien und nicht zuletzt seine Ernährung. Dabei haben mich immer schon alle Ebenen interessiert: die körperliche, die seelische und die geistige. Mein beruflicher Werdegang reichte dann von Apothekenhelferin und PTA über ein Medizinstudium mit zahlreichen Weiterbildungen im naturheilkundlichen Bereich bis hin zu meinem jetzigen Beruf als Heilpraktikerin, Ernährungs- und Fastenberaterin sowie Buchautorin.

Und heute weiß ich, wie individuell doch jeder Mensch ist und wie wichtig es ist, dass jeder Mensch herausfindet, welche Nahrung ihm gut tut. Nur, um das herauszufinden, muss er erst einmal wieder lernen, Kontakt zu sich und seinem Bauch aufzunehmen. Meine Erfahrung ist, dass eine Woche Basenfasten sehr hilfreich ist, wieder in Kontakt mit den Bedürfnissen seines Bauches zu kommen. Basenfasten ist die von mir entwickelte Fastenart, die sich in den letzten Jahren sehr erfolgreich bei uns etabliert hat. Genaueres lesen Sie ab Seite 12. Das beginnt schon damit, dass durch Basenfasten die oft völlig überstrapazierten Geschmacksknospen wieder zur Ruhe kommen und wieder aufnahmefähig werden. Das bestätigt jeder, der die Kur gemacht hat. Aber auch wenn Sie sich einfach nur basenreicher ernähren möchten, ist dieses Buch richtig für Sie. Erfahren Sie auf den nachfolgenden Seiten alles Grundlegende zum Basenfasten und mit welchen Tricks Sie basisch(er) leben. Und mithilfe der Rezepte ab Seite 41 können Sie gleich loslegen mit Ihrem neuen basenreichen Leben.

Ihre Sabine Wacker

Ab jetzt wird mein Leben basischer

Dieses Buch ist für alle, die sich gern basischer ernähren möchten. Eventuell haben Sie schon Erfahrung mit Basenfasten gemacht und möchten nun langfristig eine Anregung für eine gesündere Lebensweise. Lassen Sie dieses Buch Ihren Begleiter im Alltag werden, um eine gute Balance zwischen Säuren und Basen zu finden.

So wird mein Leben basischer

Sie möchten Ihr Leben von nun an basischer gestalten – wunderbar, ich gratuliere! Dann kann es losgehen. Willkommen in der Welt der basischen Lebensmittel! Lesen Sie hier, wie Sie es schaffen können, Ihren Säure-Basen-Haushalt in Balance zu halten.

Ernährung ist nicht alles, was Sie verändern müssen, um sich endlich wieder fit und gesund zu fühlen. Aber Ihre Ernährung ist ein ganz entscheidender Faktor, der so manch anderen nach sich zieht. Eine Ernährungsumstellung, die basenreiche Nahrungsmittel in den Mittelpunkt stellt und damit das körperliche und seelische Wohlbefinden verbessert, steigert automatisch auch das Bedürfnis, andere Lebensbereiche zu optimieren: Sie haben wieder mehr Lust auf Sport, schauen sich nach einem neuen, erfüllenden Hobby um und misten Ihr Leben und Ihr Umfeld mal so richtig aus, um Platz für Neues zu schaffen, das Ihrem Leben neue positive Impulse gibt. Eine grundlegende Umstellung der Ernährung ist hier oft der erste Schritt in ein neues Leben.

Eine gesunde Ernährungsweise deckt nicht einfach nur den Bedarf an lebenswichtigen Nährstoffen – sie hält unseren Stoffwechsel gesund und sorgt dafür, dass alle verbrauchten oder nicht benötigten Stoffe abgebaut und schnell ausgeschieden werden können. Diesen Vorgang nennt man auch Entgiftung – ein ganz alltäglicher Vorgang für unseren Organismus. Die in pflanzlicher, basenreicher Kost enthaltenen Bioaktivstoffe und Ballaststoffe fördern die Entgiftungsleistung des Organismus.

Erschwert werden die Entgiftungsleistungen – vor allem in Leber und Darm – durch einen hohen Anteil tierischer Eiweiße und Fette in der Nahrung. Im Klartext: Ein knackiger Blattsalat der Saison mit frischer Kresse ist basisch und entgiftet. Ein Cordon bleu mit Nudeln ist sauer, schwer verdaulich und erschwert die Entgiftungsvorgänge. Entscheiden Sie selbst, was Sie lieber wollen.

Säurebildend sind die meisten tierischen Produkte – vom Fleisch, über Wurstwaren, Fisch bis zu Milchprodukten. Denn es ist vor allem der Gehalt an Eiweiß, vor allem an tierischem Eiweiß, der für die Säurebildung verantwortlich ist. Daneben zählen alle Nahrungsmittel zu den säurebildenden Nahrungsmitteln, die während ihrer Verdauung im Stoffwechsel Säuren frei werden lassen, so auch alle Getreidearten und Zucker sowie einige Nüsse.

Obst und Gemüse – so oft es geht

Ich bin Mitte 50 und noch immer schlank. Ich schreibe darüber hinaus viele Bücher über Ernährung. Und ständig werde ich gefragt: »Wie ernähren Sie sich?« Und nein, ich mache nicht mein ganzes Leben lang schon Basenfasten! Ich ernähre mich basenreich und das, ohne täglich Punkte oder Kalorien zu zählen oder mich sonst damit zu stressen. Ich esse einfach so viel wie möglich Obst und Gemüse. Warum? Weil ich es gern esse und es mir gut tut!

Und trotzdem trinke ich gern mal einen Espresso, esse gern ein Vollkornbrot, esse gern Rohmilchkäse und sage auch bei einem frisch gefangenen Fisch nicht nein, finde meine Mousse au Chocolat die beste der Welt und meine Söhne finden das auch. Ich trinke gern mal einen superguten Rotwein – dessen Trauben homöopathisch behandelt werden anstatt mit Pestiziden. Denn auf Qualität achte ich auch bei Säurebildnern. Das Leben in seiner ganzen Vielfalt zu genießen ist mir sehr wichtig – mich gesund und wohlzufühlen ist mir genauso wichtig. Deshalb begrenze ich im Alltag die Säurebildner auf ein Minimum in meinem Speiseplan und sehe es dafür an »Feiertagen« mal nicht so penibel. Und darauf kommt es an und so klappt es mit der Gesundheit und dem Gewicht.

▲ Basenbildner sind im Wesentlichen die meisten Pflanzen, vor allem Wurzeln, Blätter und viele Früchte, Samen, viele Nüsse, Kräuter und Keimlinge.

Wie Basenfasten entstanden ist

Jahrelang habe ich Fastende nach der Buchinger-Methode begleitet. Der Nutzen von ein oder zwei Fastenwochen im Jahr ist jedoch fragwürdig, wenn man sich in den verbleibenden 50 Wochen ungesund ernährt. So war der Wunsch geboren, einen Einstieg in ein gesünderes Leben zu finden, der 100 % alltagstauglich ist.

Das traditionelle Heilfasten, ein Begriff, den Dr. Otto Buchinger geprägt hat, ist eine Form des Fastens, bei der auf Nahrungsmittel gänzlich verzichtet wird. Während dieser Kur ist es wichtig, sich Ruhe und eventuell eine berufliche Auszeit zu gönnen, da es, je nach Gesundheitszustand des Fastenden, zu leichten oder schweren Heilkrisen kommen kann. Diese Ruhezeit ist auch wichtig, um während der Fastenzeit ganz abschalten zu können.

Ich schätze diese Form des Heilfastens sehr, ebenso die Pionierarbeit, die Herr Buchinger senior leistete, und die Arbeit, die sein Enkel, Andreas Buchinger, in seinem Sinne fortführt. Auch Otto Buchinger war es ein Anliegen, dass eine Woche Heilfasten ein Einstieg in eine neue, gesündere Lebensweise bedeuten kann. Als überzeugter Fastenarzt, dem auch der religiöse Hintergrund des Fastens sehr wichtig war, beabsichtigte er sicher nie, dass Fasten lediglich als ein einwöchiger Ausstieg aus unserem »normalen« Leben gesehen wird, sozusagen als eine Art Befreiung vom schlechten Gewissen. Denn: Welchen Gewinn haben ein oder zwei Fastenwochen, wenn der Körper die übrigen 50 Wochen des Jahres mit Ungesundem vollgestopft wird?

Genau genommen ist dies für den Körper Stress. Leider erleben wir dies in der Praxis allzu oft. Wenn wir uns während der Heilfastenwoche zum »Ernährungsabend« trafen, dem Abend, an dem vor allem über die Aufbautage und über die Ernährung nach dem Fasten gesprochen werden sollte, bekam ich von den Teilnehmern oft mit, wie sie von »Pfälzer Saumagen« (unsere Praxis ist in Mannheim!) und ähnlichen »Köstlichkeiten« schwärmten. Wenn ich dann vorschlug, den Anteil an tierischem Eiweiß, also Fleisch, Wurstwaren und Milchprodukten, in Zukunft erheblich einzuschränken, wurden schnell Proteste laut: »Was habe ich denn noch vom Leben, wenn ich nur noch Gemüse essen soll?« – »Immer nur Gemüse – wie langweilig!« Dieses Schwarz-Weiß-Denken ist vor allem bei den notorischen Ungesundessern (den Fleischessern wie auch den Puddingvegetariern) weit verbreitet. Lange habe ich mich gefragt, woran das liegen mag, und bin in meinen Kursen intensiv auf diese Fragen der Teilnehmer eingegangen.

Abgesehen davon, dass grundlegende Veränderungen in der Lebensweise vielen Menschen Angst machen (die Angst vor Neuem), habe ich festgestellt, dass es vor allem mangelnde Fantasie ist, die die Menschen davon abhält, sich kreativ mit den genussreichen Abenteuern der Gemüseküche auseinanderzusetzen. Warum muss ein Carpaccio immer ein Carpaccio aus Fleisch oder Fisch sein? Carpaccio bedeutet zunächst hauchdünne Scheiben und wir wissen, dass hauchdünne Scheiben anders schmecken und vor allem auf dem Teller anders aussehen als dick geschnittene Klötze. Ein Carpaccio von frischen Champignons, mit dem Trüffelhobel hauchdünn geschnitten, ist ein Augen- und Gaumenschmaus bei jedem Brunch. Und: Es ist rein basisch. Damit ist der Einstieg in eine gesündere Ernährungsweise eines der Hauptziele von Basenfasten.

Basenfasten ist 100 % alltagstauglich

Es gibt aber noch weitere Gründe, die uns auf Basenfasten gebracht haben. Nicht jeder hat die Zeit und den Mut, sich ein- bis zweimal im Jahr eine Auszeit zum Fasten zu nehmen. Ich habe in meiner Praxis viele Patienten, die in einem stressigen Berufsalltag stehen, aber dennoch gern fasten möchten, ohne dafür ihren Urlaub opfern zu müssen. Diese Menschen bedürfen einer milderen Fastenform, damit sie auch während der Arbeitszeit etwas für ihre Gesundheit tun können. Auch gibt es viele kranke und geschwächte Menschen, für die eine reine Fastenkur zu belastend wäre und die dennoch dringend einer Entgiftung und Entsäuerung bedürfen. Sie scheuen sich meist zu fasten, weil sie die Heilkrisen fürchten. Aus diesen Gedanken und Erfahrungen heraus habe ich mir überlegt, was genau den Entlastungseffekt beim Fasten ausmacht. Ich bin zur Überzeugung gelangt, dass es vor allem der Verzicht auf säurebildende Nahrungsmittel ist, der den Körper zur Entschlackung führt. Demzufolge sollte auch der ausschließliche Verzehr rein basischer Kost zur Entsäuerung führen. Und so ist es auch. Es ist, wie ich im Laufe der Jahre festgestellt habe, möglich, durch eine rein basische Kost den Körper zu entsäuern. Zahlreiche Fastengruppen, in denen sich die Teilnehmer rein basisch ernähren, haben gezeigt, dass damit schon beträchtliche gesundheitliche Erfolge erzielt werden können. Ich habe mich folglich auf die Suche nach rein basischen Rezepten gemacht und festgestellt, dass es zwar viele Säure-Basen-Kochbücher gibt, aber kein Buch mit Rezepten, die rein basisch sind. Und so ist mein erstes Basenfasten-Skript für meine Patienten mit eigens von mir erschaffenen Rezepten entstanden. Und viele haben in dieser Basenfastenwoche eine Vielzahl von Ideen und Rezepte erhalten, dass sie motiviert wurden, vieles davon in ihren Alltag zu übernehmen. Basenfasten senkt die Hemmschwelle für eine Fastenkur – denn Sie dürfen essen und satt werden.

Basenfasten – die Wacker-Methode®

Wenn Sie Ihre Ernährungsumstellung mit einer Basenfastenwoche beginnen, ist das wie ein Reset. Durch die übliche Zivilisationskost werden die Geschmacksnerven auf Dauer so überreizt, dass das Geschmackserleben einer herrlichen Kartoffel oder eines knackigen Kohlrabi völlig verloren gegangen ist.

Wenn Sie sich mit Basenfasten eine oder auch zwei Wochen lang ausschließlich von basenbildendem Obst und Gemüse ernähren, werden Sie am Ende der Kur erstaunt feststellen, wie sensibel Ihre Geruchs- und Geschmackswahrnehmung geworden sind. Vermutlich werden auch Sie erleben, dass Ihnen übel wird, wenn Ihnen in Einkaufspassagen oder an Bahnhöfen das Geruchsgewirr von Fast Food in Verbindung mit schlechtem Fett entgegenschlägt. Ein Reset mit Basenfasten macht Sie zum Feinschmecker für gesundes Essen. Und das ist ein riesiges Plus für Ihre Gesundheit. Als mein Mann und ich die Methode Basenfasten vor Jahren entwickelten, war unser größtes Anliegen, unseren Patienten und allen Interessierten einen genussvollen Weg zu einer basenreichen und damit gesunden Ernährungsweise zu zeigen.

So funktioniert Basenfasten

Beim Basenfasten dürfen Sie essen: alles, was der Körper zu Basen verstoffwechseln kann. Ein Basenfastentag besteht aus drei rein basischen Hauptmahlzeiten und, falls nötig, zwei rein basischen Zwischenmahlzeiten. Dazu wird jede Menge getrunken: kaltes oder heißes Quellwasser oder Kräutertees aus einheimischen Kräutern. Rezepte für eine Basenfastenwoche finden Sie in unserem Rezeptteil – alle Rezepte, die 20 grüne Punkte haben. Und so sieht ein Basenfastentag aus:

Frühstück: Frisches Obst der Saison ist das ideale Frühstück. Je nach Jahreszeit können Sie einfach eine Banane oder einen Apfel essen oder sich ein leckeres basisches Müsli zubereiten. Ein frisch gepresster Saft ist ein besonders vitalstoffreicher Energieschub am Morgen. Und nicht vergessen: Behandeln Sie den Saft, als würden Sie ihn essen, Schluck für Schluck – langsam »kauen«, damit die Verdauungsenzyme im Mund arbeiten können.

Mittagessen: Der tägliche Salat – möglichst roh und mit vielen frischen Kräutern – gehört auf den Mittagstisch. Wenn Ihnen ein Salat nicht ausreicht, können Sie im Anschluss noch eine kleine Gemüseportion roh oder gekocht essen. Wenn Sie keine Rohkost vertragen,

Basenfasten – die Wacker-Methode®

▲ Mit rein basischen Lebensmitteln, wie z. B. Obst, Gemüse, Sprossen und frisch gepressten Säften, können Sie loslegen mit Basenfasten.

können Sie auch einen Salat aus gekochtem Gemüse oder ein Gemüsegericht essen.

Abendessen: Gestalten Sie das Abendessen – bis 18 Uhr – nicht zu üppig. Je nach Jahreszeit bieten sich Gemüsesüppchen oder ein kleines, gedünstetes Gemüsegericht an.

Zwischenmahlzeiten: Zwischenmahlzeiten müssen nicht sein, sind aber erlaubt. Wenn Sie zwischendurch Hunger oder Knabbergelüste bekommen, trinken Sie erst mal einen Schluck Wasser oder Kräutertee. Wenn das nicht ausreicht, können Sie einige Mandeln, Trockenfrüchte oder Oliven essen.

Getränke: Trinken Sie 2–3 Liter Quellwasser pro Tag, je nach Jahreszeit warm oder kalt. Auch stark verdünnte Kräutertees oder Ingwertee mit frischem Ingwer sind ein ideales Getränk.

Wichtig beim Basenfasten – die Basics

Damit Ihre Basenwoche wirklich gelingt, sollten Sie einige Dinge beachten, die ich in den Basics zusammengefasst habe: Motivation, Ernährung – 100 % basisch, Genuss, viel trinken, Darmreinigung, Bewegungsprogramm, Erholung.

1. Motivation

Jede Kur ist so gut wie die Motivation, die Sie dafür aufbringen. Beginnen Sie nie eine Kur halbherzig: »Ich sollte, ich weiß, aber eigentlich habe ich keine Lust dazu.« Warten Sie lieber ab, bis Sie sich motiviert fühlen. Sie können den Motivationsprozess unterstützen, indem Sie sich eine Belohnung versprechen. Wenn es um einige Kilos oder um niedrigere Cholesterinwerte geht, versprechen Sie sich doch eine neue schicke Tasche oder ein paar tolle Schuhe, sobald die Werte im grünen Bereich sind. Setzen Sie sich ein klares Ziel: nichts motiviert mehr als ein klares, realistisches Ziel.

2. Ernährung – 100 % basisch

Darauf kommt es beim Basenfasten an: Alle Nahrungsmittel, die Sie zu sich nehmen, bilden im Körper Basen oder reagieren neutral, wie Wasser oder Pflanzenöle. Verzichten Sie während der Basenfastenzeit auf Säurebildner. Durch den völligen Verzicht auf Säurebildner wird eine Mobilisierung der abgelagerten Säuren erreicht, die dann durch hohe Trinkmengen und regelmäßige Darmreinigung ausgeschwemmt werden. Je genauer Sie sich daran halten, umso größer ist Ihr Erfolg.

3. Genuss

»Basenfasten – eine Woche basisch genießen.« Unter diesem Motto startete ich vor einigen Jahren den ersten Basenfastenkurs in der Praxis. Ich war es leid, hören zu müssen, dass nur ungesundes Essen lecker schmecken kann und man außer Kartoffeln, Lauch, Karotten und Salat ohnehin nichts essen dürfte beim Basenfasten. Dass dem nicht so ist, zeigen über 200 Rezepte in meinen Büchern, von denen sich viele unbemerkt zu einem Festessen mogeln lassen. Experimentieren Sie mit der Vielfalt an basischen Lebensmitteln und genießen Sie basisch: Richten Sie die Gerichte auf schönen Tellern appetitlich an – ein lieblos auf den Teller gelegtes Essen schmeckt nie wirklich gut. Und achten Sie aufs Ambiente. Decken Sie den Tisch schön, zünden Sie eine Kerze an, essen Sie nur mit netten Leuten.

4. Trinken

Wasser durchspült die Lymphe und die Nieren und nur so können unerwünschte Stoffe den Körper auch verlassen. Empfohlene Trinkmenge während der Basenfastenzeit und danach: 2,5 bis 3 Liter pro Tag. Ein von mir besonders geschätztes Wasser ist Lauretana aus dem Monte-Rosa-Massiv, das es in vielen Naturkostläden und Reformhäusern zu kaufen gibt. Sie müssen es übrigens nicht unbedingt kalt trinken – auch warm oder heiß ist Wasser ein durchspülendes Getränk. Der entgiftende Effekt des Wassers wird noch erhöht, wenn Sie es dazu mindestens 20 Minuten lang kochen lassen – das ergibt den sogenannten »ayurvedischen Champagner«. Auch stark verdünnter Kräutertee eignet sich hervorragend fürs Basenfasten: 1 Beutel auf 1 Liter Wasser und ohne Zusätze (keine Früchte, Fruchtschalen, Roibusch, Aromastoffe, Farbstoffe). Wenn Sie während der Basenfastenwoche einen speziellen Heiltee trinken möchten, wie beispielsweise Brennnesseltee oder Entschlackungstee, bitte pro Tag immer nur 1 oder 2 Tassen, weil die Heilwirkung der Tees sonst zu stark wird. Auch Pfefferminztee, in größeren Mengen getrunken, kann Ihnen Schwierigkeiten bereiten und zu Blähungen und Bauchschmerzen führen.

5. Darmreinigung

Auch wenn Sie eine tadellose Verdauung haben – Darmreinigung gehört zum Basenfasten. Wer weiß, wie es in Ihrem Darm aussieht und wie es Ihren Verdauungsorganen wirklich geht? Die meisten Därme sind träge und entleeren sich nicht vollständig, sodass die Reste im Darm im Laufe der Zeit zu Ablagerungen und Verklebungen an den Darmwänden führen. Grund dafür ist falsche Ernährung, Überernährung und Bewegungsmangel. Wenn Sie sich nun eine Woche 100 % von Obst und Gemüse ernähren, lösen sich diese Ablagerungen noch nicht. Durch Basenfasten wird die Zufuhr von Säurebildnern gestoppt – aber der Stoffwechsel steht nicht still. Es ist vielmehr so, dass der Stoffwechsel durch Basenfasten angeregt wird, bereits eingelagerte Säuren zu mobilisieren. Nun müssen sie nur noch ausgeschieden werden. Wenn Sie den Darm nicht zusätzlich entleeren, kann es vorübergehend zu Blähungen kommen. Helfen Sie ihm daher ein wenig mit Glaubersalz, mit Einläufen oder mit Colon-Hydro-Therapie. Während ein oder zwei Basenfastenwochen ist es empfehlenswert, den Darm alle zwei bis drei Tage zu reinigen.

Darmreinigung mit Glaubersalz: Glaubersalz ist chemisch gesehen Natriumsulfat und in allen Apotheken erhältlich. Wenn Sie schon einmal gefastet haben, dann kennen Sie diese Reinigungsmethode vermutlich schon. Wenn Sie den Geschmack von Glaubersalz nicht mögen, können Sie in der Apotheke auch Bittersalz (oder F. X. Passagesalz) kaufen. Wenn Sie sich für Glaubersalz als Darmreinigungsmethode entscheiden, beachten Sie bitte, dass der Wirkungseintritt nicht vorhersehbar ist. Idealerweise sollte die Entleerung ein bis wenige Stunden nach Einnahme des Salzes erfolgen. Die Wirkung kann aber auch viele Stunden auf sich warten lassen oder gar nicht eintreten. Wann immer sie eintritt, sollten Sie in unmittelbarer Nähe einer freien Toilette sein. Mit der Einlaufmethode sind Sie eindeutig unabhängiger. Glaubersalz reizt die Darmschleimhäute und sollte von Menschen mit empfindlichem Darm nicht genommen werden.

6. Bewegung

Tägliche Bewegung sollte eigentlich etwas Selbstverständliches sein. Dass dies nicht so ist, erfahre ich alltäglich in meiner Praxis. Und bitte: Bewegen Sie sich nicht nur in der Basenfastenzeit! Was Sie tun, um zu Ihrer täglichen Bewegung zu kommen, überlasse ich Ihnen. Suchen Sie sich eine Sportart aus, die Sie auch wirklich auf Dauer ausüben wollen und können, und wenn es nur 30 Minuten Gymnastik oder Pilates zu Hause sind. Tun Sie es – und zwar täglich. Eine andere Art der körperlichen Betätigung sind Yoga, Tai-Chi und Qigong. Der Vorteil dieser Techniken ist, dass hierbei automatisch die Atmung mitberücksichtigt wird und der Geist zur Ruhe kommt. Dabei werden der Stoffwechsel, die Durchblutung und alle Körperfunktionen harmonisiert. Noch tiefgreifender, wenn auch ohne direkte körperliche Bewegung, ist Meditation. Wenn Sie abends kaputt nach Hause kommen, ist das die ideale Technik, um abzuschalten. Sinnvoll ist es, erst einige Minuten Yoga zu machen und danach zu meditieren. Sie können es noch nicht? Kein Problem. In allen Städten gibt es inzwischen Yogakurse und Meditationsgruppen.

7. Erholung

Sie können den Basenfasteneffekt toppen, indem Sie in diese Zeit viele Erholungsinseln einbauen. Durch ausreichende Erholung entsäuern und entgiften Sie Ihren Organismus. Nutzen Sie dieses einfache und sehr effektive Heilmittel der Natur. Die beste Erholung bekommen Sie im nächtlichen Schlaf – vor 24 Uhr. Hier sorgen der Stoffwechsel und die Leber für die Entgiftung, die Haut und das Nervensystem erholen sich vom Tagesstress. Voraussetzung ist, dass der Schlaf ausreichend ist, das heißt acht bis neun Stunden, und dass Sie überhaupt schlafen können. Der Schlaf vor Mitternacht hat eine größere Erholungskraft als der Schlaf nach Mitternacht. Versuchen Sie daher, während der Basenfastenwoche um 22 Uhr, spätestens aber um 23 Uhr zu Bett zu gehen. Für den reibungslosen Ablauf der Stoffwechselvorgänge in der Nacht ist das von großem Nutzen. So kann der Körper am nächsten Morgen die Säuren gut ausscheiden. Tipps für einen guten und erholsamen Schlaf:

- Nehmen Sie sich abends keine »aufregenden« oder aufwühlenden Tätigkeiten mehr vor.
- Schreiben Sie Gedanken, die Sie am Einschlafen hindern, auf – am besten in ein Tagebuch.
- Nehmen Sie ein entspannendes Bad am Abend – ein Aromabad mit Honig und Mandeln, ein Ölbad mit Lavendel oder mit Melisse.
- Nach einem stressigen Tag ist ein Basenbad (Apotheke) eine echte Entspannungsoase und ein guter Ersatz für einen zeitaufwendigen Saunaabend.
- Wenn Sie morgens müde und zerknirscht aufwachen: Lassen Sie überprüfen, ob Sie auf einer Reizzone schlafen oder ob Sie einfach von zu vielen elektrischen Geräten am Schlafplatz umgeben sind. Schalten Sie all Ihre Stand-bys aus, laden Sie Ihr Handy nachts in einem anderen Zimmer, und wenn Sie dann morgens immer noch nicht fit sind, eventuell sogar mit Rücken- oder Kopfschmerzen aufwachen, sollten Sie daran denken, Ihr Bett um einige Zentimeter zu verrücken – das kann Wunder wirken.
- Überlegen Sie sich rechtzeitig Ihr tägliches Bewegungsprogramm. 30 bis 45 Minuten sollten Sie dafür einplanen. Wenn Sie ein Bewegungsmuffel sind, steigern Sie Ihre sportliche Aktivität langsam – Schwimmen, Gehen und Walken sind gute Anfängermethoden.
- Machen Sie eine »Muss-Inventur«! Müssen Sie wirklich all das tun, was Sie sich auferlegt haben? Gehören auch Sie zu den Menschen, die sich durch zu hohe Ansprüche und durch zu viele Vorhaben permanent selbst stressen? Was können Sie dagegen tun? Es gibt einen einfachen Tipp: Stellen Sie sich vor, Sie lägen mit einem gebrochenen Bein im Krankenhaus. Dann würden Sie all diese Dinge auch nicht tun und Sie stellen erstaunt fest, dass die Welt deshalb nicht untergeht.

Auch in Ihrem neuen basenreichen Leben gehören mehrfach täglich Obst und Gemüse auf den Tisch – frisches und reifes. Nachdem Sie ja wissen, welche Lebensmittel Säuren bilden und Ihnen nicht guttun, sollte Ihre natürliche Reaktion sein, den Verzehr der Säurebildner in Zukunft zu dosieren – ähnlich einem Medikament, das in hoher Dosierung Nebenwirkungen hat. Was Sie allerdings auf keinen Fall tun sollten, ist, nun in Panik zu geraten, wenn Sie einem Säurebildner begegnen. Wenn Sie täglich einige Säurebildner zu sich nehmen – sie sollten einen Anteil von 20–30% an der täglichen Nahrung nicht überschreiten, schaden Sie damit Ihrer Gesundheit nicht. Selbst wenn Sie an manchen Tagen zu säurelastig gegessen oder getrunken haben, werden Sie davon nicht sofort krank. Problematisch wird es bekanntlich erst, wenn Sie über einen längeren Zeitraum hinaus säurebildende Lebensmittel in größeren Mengen zu sich nehmen oder sich gar ausschließlich von Säurebildnern ernähren.

Woher kommen die Basen eigentlich?

Basenbildende Nahrungsmittel sind die meisten Obst- und Gemüsesorten, Kräuter, einige Nüsse und Samen sowie Keimlinge. Es sind die Nahrungsmittel, die über einen hohen Anteil an basischen Mineralstoffen wie Kalium, Magnesium und Kalzium und deren organische Salze wie Malate und Fumarate verfügen und nur wenig Eiweiß enthalten. Sie werden im Körper basisch verstoffwechselt. Besonders der Kaliumgehalt eines Nahrungsmittels spielt bei der Bewertung seiner basenbildenden Eigenschaft eine große Rolle. Es gibt für die Berechnung der basischen Wirkung Formeln, die allerdings nur ungefähr einen Anhaltspunkt geben, denn sie berücksichtigen nicht alle basenbildenden Komponenten des Nahrungsmittels. Problem bei der Berechnung sind auch schwankende Mineraliengehalte in Abhängigkeit von der Saison, der Reife und der Art des Anbaus. Mineraliengehalte für die Berechnung solcher Formeln werden der allgemein anerkannten Lebensmitteltabelle der Deutschen Forschungsanstalt für Lebensmittelchemie (»Der kleine Souci Fachmann Kraut«) entnommen.

Basenbildner sind im Wesentlichen die meisten Pflanzen:
- Wurzeln, Blätter, Blüten und viele Früchte,
- Samen, frische Kräuter und frische Keimlinge.
- Lediglich Spargel, Artischocken und Rosenkohl sind säurebildende Pflanzen.
- Achtung: Auch Getreide bildet Säuren!

Basischer leben? So funktioniert's

- Täglich 1–2 Äpfel oder anderes reifes Obst der Saison.
- Auch gut: ein frisch gepresster Saft oder ein basisches Müsli zum Frühstück.
- Täglich Rohkostsalat mit frischen Keimlingen oder Kräutern.

Neben Obst und Gemüse gibt es auch noch andere Basenbildner.

Sonstige Nahrungsmittel, die basenbildend wirken

Algen (Nori, Wakame, Hijiki, Chlorella, Spirulina)

Blütenpollen

Erdmandelflocken oder auch Chufas-Nüssli (Reformhaus) – die Zutat für Ihr basisches Müsli

frische Walnüsse

Hanfsamen, geröstet

Hefeflocken

Kanne Brottrunk

Kürbiskerne

Kürbiskernmus

Leinsamen, -schrot

Mandeln
Mandelmus – ohne Honigzusatz

Mohnsamen

Ölsaatenmischung (Reformhaus/Naturkostladen) – aus Kürbiskernen, Sesam, Leinsamen und Sonnenblumenkernen

Sesam

Sesamsalz (Gomasio)

Sonnenblumenkerne

Sonnenblumenkernmus

Tahin (Sesammus)

Umeboshi-Aprikosen

Apfelsaftkonzentrat, Apfelkraut

Agavendicksaft

Birnenkraut, Birnendicksaft zum Süßen

- Täglich mindestens eine große Portion Gemüse der Saison oder eine Gemüsesuppe.
- Insgesamt sollten Sie mindestens 1 Kilo Obst und Gemüse pro Tag verzehren – das ist gar nicht so viel – wiegen Sie mal einen Apfel.
- Täglich 2,5 bis 3 Liter Wasser oder Kräutertees.
- Doch mal zu viele Säuren erwischt? Dann gilt: Schnell mit einer basischen Mahlzeit ausgleichen! Wenn Sie tagsüber einmal zu viele Säuren abbekommen haben, gleichen Sie sie abends oder am nächsten Tag einfach aus: mit Kräutertee, Gemüsesuppe, Brühen, Pellkartoffeln oder Salat.

Wenn Sie über die Stränge geschlagen haben

Die besten Vorsätze sind im Alltag nicht immer haltbar. Da gibt es Einladungen, Geburtstage, Feiertage, Urlaube, Frustessen und natürlich die gefürchteten Heißhungerattacken. Und schon ist es geschehen: Es sind mal wieder jede Menge Säurebildner auf dem Teller gelandet. Hier eine Latte macchiato, da ein Stück Kuchen, gestern Abend ein üppiges Abendessen mit Fleisch, Sauce, Nudeln und danach noch Tiramisu. Bevor Sie nun den Kopf in den Sand stecken und sagen: Na ja, irgendwann lege ich mal wieder eine Basenfastenwoche ein, legen Sie in den nächsten Tagen einfach einen basischen Tag ein – das beruhigt Ihr Gewissen und entlastet den Stoffwechsel. Verwenden Sie dafür in diesem Buch die Rezepte, die 20 grüne Punke haben – das gleicht Säuresünden aus.

▲ Ein frisch gepresster Saft am Morgen gleicht eventuelle Säuresünden aus.

OBST UND GEMÜSE – SO OFT ES GEHT

Zu viele Säuren abbekommen?

Säurefalle	Ausgleichen mit
Cappuccino und Croissants zum Frühstück?	Mittags gibt es nur einen großen Salat.
Frühstück mit Kaffee und Marmeladenbrot und mittags unterwegs und keine Zeit für Basisches?	Dann ist heute Abend Suppenabend angesagt und morgen früh gibt's Obstsalat.
Spaghetti mit Tomatensauce, weil es zum Mittag schnell gehen musste?	Abends gibt's nur fünf kleine Pellkartoffeln mit Olivencreme.
Im Meetingstress drei Tassen Kaffee zu viel getrunken?	Morgen früh gibt es einen frisch gepressten Saft und danach erst mal Kräutertee.
Gestern auf einer Geburtstagsfeier zu tief ins Glas geschaut?	Heute gibt's einen frisch gepressten Saft und mittags Salat.
Abends eine große Geburtstagseinladung mit allem, was den Körper sauer macht?	Morgen früh sind ein basisches Müsli und eine Walkingrunde angesagt.
Heute nur belegte Brote gegessen?	Morgen ist ein Salat-Gemüse-Tag.
Am Nachmittag zu viel genascht?	Dafür gibt es heute Abend nur eine Gemüsebrühe, wenn Sie sehr hungrig sind, mit ein bis zwei Kartoffeln drin.
Ein total stressiger Tag ist endlich zu Ende gegangen?	Lassen Sie sich ein Basenbad ein und gehen Sie früh ins Bett.
Das Tiramisu beim Italiener sah einfach zu lecker aus und Sie konnten nicht widerstehen?	Dann gibt es nur noch Gemüse-Antipasti.
Sie haben einen herrlichen Eisbecher geschlemmt?	Abends gibt es etwas Basisches mit Avocado (S. 22).

Nicht alle Säurebildner sind schlecht

Zu einem basenreichen Leben gehören auch Säurebildner – ein Anteil von 20 bis 30% gilt als ideal. Bei der Auswahl der Säurebildner in der täglichen Nahrung ist jedoch einiges zu beachten: Nicht alle Säurebildner sind grundsätzlich schlecht, denn die Säurewirkung der Lebensmittel ist sehr unterschiedlich. Ich spreche daher von »guten« und »schlechten« Säurebildnern.

So sind all diejenigen Lebensmittel als gute Säurebildner anzusehen, die nur wenig Säure bilden und dem Körper nebenbei jede Menge Vitalstoffe liefern und wenig stoffwechselbelastende Zusatzstoffe enthalten. Gute Säurebildner gehören daher unbedingt zu einer vollwertigen Ernährungsweise, sollten aber nicht in zu großen Mengen verzehrt werden.

Gute Säurebildner sind:
- Vollkorngetreide
- Pseudogetreide: Quinoa, Amaranth, Buchweizen
- Hülsenfrüchte: Linsen, Bohnen, Mungobohnen, Adzukibohnen, Sojabohnen, Kichererbsen
- Nüsse (nur Mandeln und frische Walnüsse sind basenbildend)
- Sojaprodukte
- Artischocken, Spargel, Rosenkohl
- grüner und weißer Tee

Vollkorngetreide ist aufgrund des hohen Vitalstoffanteils in der Hülle des Korns ein unverzichtbares Lebensmittel. Dennoch ist es säurebildend, wobei die Säurewirkung nicht bei allen Getreidearten gleich ist.

Als schlechte Säurebildner bezeichne ich alle Lebensmittel, deren säurebildende Wirkung gravierender ist als ihre sonstige positive gesundheitliche Wirkung. Durch die starke Säurebildung entziehen sie dem Körper zusätzlich basische Mineralien. Auch Fleisch und Milchprodukte gehören für mich dazu, denn tierische Eiweiße sind nun einmal die stärksten Säurebildner.

Schlechte Säurebildner sind:
- Fleisch von Rind, Kalb, Lamm, Ziege (auch Bio)
- Innereien (auch Bio)
- Geflügelfleisch, auch Taube, Wachtel (auch Bio)
- Eier
- Haferflocken als Schmelzflocken
- Kaffee
- Meeresfisch, Zuchtfisch
- Meeresfrüchte
- Milchprodukte (auch Bio)
- Pferdefleisch (auch Bio)
- schwarzer Tee
- Schweinefleisch (auch Bio)
- Softdrinks, Cola
- alkoholische Getränke
- Straußenfleisch
- Teigwaren aus Weißmehl

- weißer Reis, polierter Reis
- Weißmehlprodukte
- Wild
- Wurst, Schinken (auch Bio)
- Zucker
- zuckerhaltige Lebensmittel
- Cornflakes und Müslis mit Zusätzen (Zucker)

Keine Sorge, auch auf die schlechten Säurebildner müssen Sie in Zukunft nicht völlig verzichten. Wichtig ist mir nur, dass Sie wissen, was Sie tun, wenn Sie sich in Zukunft Kaffee, Cola, Süßes oder Fast Food einverleiben. Wenn Sie sich die Liste der schlechten Säurebildner anschauen, fragen Sie sich vielleicht, warum wir Fleisch und Fisch dazu zählen, obwohl beides viele Nährstoffe enthält. Das liegt daran, dass Nahrungsmittel mit tierischem Eiweiß eine stärkere Säurebildung aufweisen als Nahrungsmittel auf pflanzlicher Basis wie Getreideprodukte oder Hülsenfrüchte. Zudem sind die Stoffwechselauswirkungen eines übermäßigen Fleisch- und Fischverzehrs gravierender als bei übermäßigem Verzehr der guten Säurebildner wie beispielsweise Vollkorngetreide.

Säurebildner vernünftig dosieren

Ein basenreiches Leben gelingt dann am besten, wenn man weiß, wo die Säurefallen sind und wie man sie am besten vermeidet. Viele Nahrungs- und Genussmittel sind mehr oder weniger starke Säurebildner. Doch es gibt auch »gute« Säurebildner, die, wenn sie nicht im Übermaß verzehrt werden, durchaus positive Wirkungen auf die Gesundheit haben. Leben in einer gesunden Säure-Basen-Balance ist eine Frage der richtigen Mengenverhältnisse in der Ernährung. Generell gilt: Versuchen Sie mit Säurebildnern in Zukunft sparsam umzugehen.

- **Kaffee, Schwarztee, grüner Tee:** Reduzieren Sie ihren Kaffeekonsum auf 1 bis maximal 2 Tassen am Tag. Dasselbe gilt natürlich auch für Espresso, schwarzen, grünen und weißen Tee.
- **Fisch und Meeresfrüchte:** Essen Sie zwei- bis dreimal in der Woche Fisch – das gilt für Männer. Frauen und ältere Menschen sollten nur ein- bis zweimal in der Woche Fisch verzehren. Bevorzugen Sie Fisch und lassen Sie Meerestiere zur Ausnahme werden.
- **Fleisch und Wurst:** Wenn Sie keinen Fisch mögen, können Sie zwei- bis dreimal in der Woche Fleisch oder Wurst essen. Wurst sollte hier eher die Ausnahme sein, da sie meist mehr versteckte Fette und andere Zutaten wie Pökelsalze enthält. Für Frauen gilt: Es genügen ein- bis zweimal pro Woche Fleisch oder Wurst, da Frauen weniger Eiweiß brauchen. Wenn Sie Ihre zwei bis drei Portionen Fisch pro Woche haben, genügt es völlig, nur einmal Fleisch zu essen oder gar nicht. Und Fleisch und Fisch müssen nicht sein, es geht auch ohne!
- **Milchprodukte, Käse:** Gehen Sie sparsam mit Milchprodukten um – nur jeden zweiten Tag. Als Erwachsener benötigen Sie pure Milch gar nicht. Besser sind Naturjoghurt, Quark mit natürlicher Fettstufe, hin und wieder ein Käsebrot – vorzugsweise mit Ziegen- oder Schafskäse.
- **Alkohol** sollte für Festlichkeiten und fürs Wochenende reserviert sein, denn er gehört zu den schlechten Säurebildnern.
- **Softdrinks und Cola** müssen gar nicht sein. Sie gehören zu den schlechten Säurebildnern, denen man keinen gesundheitlichen Wert abgewinnen kann. Je eher Sie sie es sich abgewöhnen, umso besser. Und wenn sie Ihnen zu gut schmecken, dann bitte als absolute Ausnahme.
- **Süßigkeiten** sollten eine Ausnahme sein: wenn überhaupt, dann ein- bis dreimal die Woche.
- **Pizza, Döner und Burger** müssen nicht sein! Es sei denn, Sie machen sich die Pizza mit frischen Zutaten zu Hause selbst. Wenn Sie ein Fast-Food-Fan sind, reduzieren Sie Ihre Ausflüge in diese Fast-Food-Welt auf ein Minimum – zu besonderen Gelegenheiten.
- **Nudeln** sind schon allein deshalb gefährlich, weil sie so glitschig sind, dass man sie nie richtig kaut. Aber sie schmecken mit einer leckeren Sauce so gut – vor allem Kinder lieben sie. Wenn schon Nudeln, dann bitte aus Hirse, Dinkel, Kamut, damit auch mal andere Getreide zum Zug kommen. Beschränken Sie normale weiße Hartweizengrießnudeln auf ein Minimum und machen Sie dazu ein Gemüsesugo oder Pilzragout.

Das Abendbrot basischer gestalten

Frisches Vollkornbrot aus dem Bioladen – etwa ein Gerste-Dinkel-Haferbrot – ist ein Hochgenuss. Trotzdem ist es ein Säurebildner, aber eben ein guter Säurebildner. Wenn aber noch Käse, Wurst oder Schinken den Belag bilden, dann ist das eine 100% saure Angelegenheit. Was tun?

Leckere Aufstriche und kleine Gerichte mit Avocado

Ihr Abendbrot können Sie mit basischen oder basenreichen Aufstrichen prima entsäuern. Wenn Sie es herzhaft mögen, mit einer Olivencreme oder mit Pesto. Wenn Sie es milder mögen, mit einem Avocadoaufstrich – siehe Rezept. Es gibt auch unzählige vegetarische Aufstriche für jeden Geschmack im Bioladen zu kaufen: ganz basische wie Olivencreme oder basenreiche mit Lupinen, Hanf, Champignons oder Paprika – die Auswahl ist riesengroß. Auch ein Basilikum- oder Rucolapesto ist lecker aufs Brot. Diese sind zumindest weniger säurelastig als Wurst oder Käse. Und wenn es dann doch ein Käsebrot sein muss? Dann tun Sie es ohne schlechtes Gewissen – und gestalten dafür Ihr nächstes Frühstück wieder basischer.

Übrigens: Ob eine Avocado reif ist, erkennen Sie daran, dass sie eine braune und unattraktive Farbe bekommt. Knackig grüne und feste Avocados sind leider unreif, unbasisch und haben kein Aroma.

Avocado mit Joghurt und frischer Kresse
Ein Genuss!

▶ Für 2 Personen
Anhaltspunkte: *15 grüne, 5 rote*
🕐 5 Min.
2 reife Avocados · 1 kleiner Becher Naturjoghurt · 2 TL Sesamsalz · 1 Schälchen frische Kresse

- Die Avocados halbieren und den Kern herausnehmen. Joghurt mit dem Sesamsalz und ⅔ der Kresse mischen und in die Avocadohälften füllen. Die restliche Kresse darüber verteilen.

TIPP
Probieren Sie die Avocado auch mal mit Hüttenkäse: Dazu einfach die Avocado halbieren, den Kern entfernen und die Avocadohälften mit Hüttenkäse füllen. Etwas Sesamsalz darüber und es sich schmecken lassen.

Avocadoaufstrich
Da vergisst man schon mal das Brot.

▶ Für 2 Personen
Anhaltspunkte: *20 grüne*
🕐 5 Min.
2 reife Avocados · Saft ½ Zitrone · 2 EL Sesamsalz · 1 Schale frische Kresse

- Avocados schälen, den Kern herausnehmen und das Fruchtfleisch mit der Gabel zerdrücken. Die Zitrone auspressen und mit dem Sesamsalz und der Kresse unter das Fruchtfleisch mischen.

TIPP
Wenn es ganz basisch sein soll, schmeckt dieser Aufstrich auch wunderbar zu Pellkartoffeln.

DAS ABENDBROT BASISCHER GESTALTEN

Avocado mit Ziegenfrischkäse und Blüten der Provence
Leben wie Gott in Frankreich.

▶ Für 2 Personen
Anhaltspunkte: *15 grüne, 5 rote*
⏲ 5 Min.
2 reife Avocados · 4 gehäufte EL Ziegenfrischkäse · Agavensirup · 1 TL getrocknete Blüten der Provence (wahlweise Lavendelblüten aus dem Garten)

- Avocados schälen, den Kern herausnehmen, das Fruchtfleisch in kleine Scheiben schneiden und auf zwei Tellern anrichten. In der Mitte des Tellers je einen gehäuften EL Ziegenfrischkäse geben, einige Tropfen Agavensirup und die Provenceblüten darübergeben. Provenceblüten gibt es als Mischung von Herbaria im gut sortierten Bioladen.

TIPP
Eine herrliche und gesunde Bereicherung des Büffets für Ihre Gäste! Meine Gäste lieben dieses Rezept.

Buttermilchshake mit Avocado
Für alle Milchfans – auch mal als kleine Zwischenmahlzeit.

▶ Für 2 Personen
Anhaltspunkte: *15 grüne, 5 rote*
⏲ 5 Min.
2 reife Avocados · 300 g Buttermilch · etwas Kreuzkümmel · wenig frisch gemahlener Kardamom · frisch gemahlener schwarzer Pfeffer

- Die Avocados schälen, den Kern herausnehmen und das Fruchtfleisch in den Mixer geben. Die Buttermilch mit den Gewürzen zusammen dazugeben und durchmischen.

▶ Variante
Geben Sie weniger Buttermilch dazu und schon erhalten Sie einen herrlichen Brotaufstrich. Einige Kressesprossen darübergeben und es schmeckt herrlich.

Avocado mit Frischkäse und schwarzen Oliven
Köstliches – auch für Gäste.

▶ Für 2 Personen
Anhaltspunkte: *18 grüne, 2 rote*
⏲ 40 Min.
3 reife Avocados · 1 gute Handvoll schwarze, ungefärbte Oliven · 150 g Ziegenfrischkäse · 1 EL Pinienkerne (wahlweise gehackte Mandeln oder andere Nüsse) · 1 TL Agavensirup · Saft von 1 Mandarine · frisch gemahlener schwarzer Pfeffer

- Die Avocados vorsichtig von der Schale und dem Kern befreien und in dünne Scheiben schneiden. Die Mandarine halbieren und mit der Hand über der Avocado auspressen.
- Den Ziegenfrischkäse mit Agavensirup und Pfeffer vermischen, mit der Hand zerbröseln und mit den Oliven vorsichtig unter die Avocado heben, dann die Pinienkerne darüberstreuen.

▶ Variante
Auch lecker mit halbgetrockneten Tomaten. Gerade habe ich in Kärnten halbgetrocknete »sonnengeküsste« Tomaten probiert: Da will man doch keinen langweiligen Säurebildner mehr.

Nicht alle Säurebildner sind schlecht

- **Brot:** Wenn schon Brot oder Nudeln, dann bitte als Vollkornprodukt. So ist Getreide zwar leicht säurebildend, liefert aber auch Vitalstoffe und Ballaststoffe. Das gilt auch für Gebäck. Wenn schon – dann lieber Vollkorn. Brot sollte höchstens einmal täglich auf den Tisch. Also bitte nicht morgens, mittags und abends Brot essen.
- **Hülsenfrüchte** bereichern den Speiseplan und können einmal die Woche als Suppe oder als Beilage auf dem Speiseplan stehen.
- **Nüsse:** Auch säurebildende Nüsse (alle außer Mandeln und Walnüsse) sind ein gesunder Snack und immer angesagt, wenn Sie eigentlich gerade zu einem Schokoriegel greifen wollen.
- **»Leeres« Essen:** Leer nenne ich es deshalb, weil es keine nennenswerten Vitamine, Mineralien oder Bioaktivstoffe liefert. Ich meine, der Körper spürt, dass ihm da was fehlt: Weißmehlprodukte, raffiniertes, überzuckertes Essen usw. Verbannen Sie daher leeres Essen vom Teller und setzen Sie auf Qualität statt auf Quantität.

Für Kinder: basenreich und fantasievoll

»Mein Kind isst kein Gemüse – es mag nur Würstchen, Pommes, Nudeln und Pizza.« Stimmt das wirklich? Manche Eltern sind, wenn es um die Ernährung ihrer Kids geht, schnell entmutigt. Geben Sie nicht so schnell auf! Auch Ihre Kinder essen Obst, Salat und Gemüse – Sie wissen nur noch nicht, welche Sorten sie bevorzugen. Es geht doch auch uns Erwachsenen so, dass wir längst nicht alle Gemüsesorten mögen. Ich beispielsweise mag Blumenkohl und Rosenkohl nicht leiden und esse sie nur zur Not. Einer meiner Söhne steht auf Auberginen und hasst Zucchini, der andere liebt Zucchini und mag keine Auberginen. Beide mögen Fenchel nicht – wenn ich ihn allerdings püriert in eine Suppe einbaue, löffeln sie mir die Suppe im Nu leer. Am liebsten aber essen sie Kartoffelsuppen – eine Entdeckung, die ich eher zufällig gemacht habe. Mein Jüngster, der sonst gern nach was »Richtigem«, sprich Fleisch, fragt, isst schon mal drei Teller Kartoffelsuppe und findet sie superlecker. So geht es meinem Mann und mir beim Basenfasten: Mein Mann kocht 3 Liter Kartoffel-Karotten-Cremesuppe – und abends stellen wir fest, dass der Topf von uns leer gegessen wurde.

Auf was kommt es also an? Sie müssen Basisches ganz selbstverständlich anbieten – morgens ein Obstfrühstück vorbereiten, mittags steht ungefragt ein Salat am Platz – der gehört einfach zum Essen … Auffallend ist, dass Jugendliche, die sich ihr Essen selbst zubereiten müssen, sich keinen Saft frisch pressen oder Obst schneiden für ein Müsli. Da sind wir Eltern gefordert, basische Angebote zu machen. Probieren Sie es aus, und Sie werden erstaunt sein, wie gut das funktioniert. Schwierig wird es, wenn Ihr Partner oder auch nahestehende Verwandte Obst und Gemüse öffentlich disqualifizieren. Hier kommt es darauf an, welche Stärke Sie besitzen, sich zu behaupten und trotzdem unermüdlich Gesundes anzubieten. Gesundheitsargumente ziehen bei Kindern überhaupt nicht – schon gar nicht bei kleinen Kindern. Es zählt nur eines: Ruhe, Ausdauer und Selbstverständlichkeit, mit der Sie Basenreiches täglich auf den Tisch bringen.

Tipps zur Umstellung

Säfte anbieten: Fangen Sie »klein« an. Bieten Sie zunächst frisch gepresste Säfte zum Frühstück an – das ist schon mal ein guter Start in den Tag. Säfte werden immer gern getrunken. Mogeln Sie ein wenig Karotte, Pastinake oder Kohlrabi hinein – nur so viel, dass sie geschmacklich nicht zu dominant werden.

Obst anbieten: Halten Sie immer knackiges Obst auf Vorrat und bieten Sie es zum Frühstück oder – für Salatmuffel – vor dem Mittagessen an.

Basische Köder auslegen: Verstecken Sie ungesunde Süßigkeiten sehr gut, wenn Sie überhaupt welche auf Vorrat halten wollen, und platzieren Sie eine gut sichtbare Schale im Raum, in der sich Nüsse, Rosinen, getrocknete Ananas, Datteln und Ähnliches befinden.

FÜR KINDER: BASENREICH UND FANTASIEVOLL

Salat: Bieten Sie zu jedem Mittagessen einen kleinen, langsam größer werdenden Salat an – mit Nüssen, Samen, auch mal mit Apfel oder Orangen drin oder mit Schafskäse oder Schinken.

Mindestens einmal Gemüse: Bieten Sie zu jedem Mittagessen auch mindestens eine Gemüsesorte an. Kartoffeln essen fast alle Kinder gern. Probieren Sie die Gemüserezepte aus diesem und unseren anderen Büchern aus – sicher finden sich darunter auch die Lieblingsgemüsesorten Ihrer Kinder.

Weniger Fleisch: Lassen Sie die Fleischportionen allmählich schrumpfen und die Gemüseportionen größer werden. Je größer die Salatportion vor dem Essen wird, umso weniger Platz ist anschließend für das Fleisch. Zugegeben, das kann anfangs zu Widerständen führen, da aber der Mensch ein Gewohnheitstier ist, legt sich der Protest erfahrungsgemäß nach einiger Zeit. Wichtig ist, dass Sie die Nerven behalten!

Zusammen kochen: Wenn Sie kleinere Kinder haben, sollten Sie mit den Kindern zusammen das Gemüsekochen lustig gestalten. Das klappt am besten, indem die Kinder beim Saftpressen und beim Herstellen von Gemüsespaghetti mitmachen dürfen. Kinder haben ihren Spaß dabei, wenn meterlange Karottenspaghetti aus der Gemüsespaghettimaschine kommen und essen sie auch gern.

Nur Mut:
Lassen Sie sich also nicht entmutigen, wenn Ihre Kinder Gemüse erst einmal

▲ Gemüsespaghetti kommen bei den allermeisten Kindern super an.

ablehnen, probieren Sie immer wieder neue Gemüsegerichte aus, bis Sie Erfolg damit haben. Und das Schöne daran: Dabei lernen Sie auch jede Menge Gemüsesorten und Zubereitungen kennen, die Ihre Küche basisch bereichern und lecker schmecken. So kommt Basenreiches gut bei Ihren Jüngsten an:

- Frisch gepresste Säfte mag jedes Kind.
- Mogeln Sie ungeliebtes Gemüse in die Säfte.
- Bieten Sie immer ein Stück Obst zum Essen an.
- Legen Sie basische »Köder« aus.
- Ihr Kind mag keinen Salat? Bieten Sie mal einen süßen Salat mit Orangen oder Apfel an.
- Ihr Kind liebt Suppen mehr, als Sie denken.
- Pürieren Sie ungeliebtes Gemüse einfach.
- Stellen Sie lustige Gemüsespaghetti mit den Kindern selbst her.

Nicht alle Säurebildner sind schlecht

- Präsentieren Sie Gemüse und Salat attraktiv.
- Und bieten Sie es immer wieder an.
- Servieren Sie immer wieder ein neues Gemüse.
- Und: Gesundheitsargumente ziehen bei Kindern nicht.

Kinder brauchen Süßes – aber nicht kiloweise

Kinder brauchen Süßes, so wird oft argumentiert und dann mit Zuckerbomben aufgefahren, die jede Bauchspeicheldrüse in den Schock treiben. Klar mögen Kinder den Geschmack süß, aber was spricht denn dagegen, ihnen mit Studentenfutter mit viel Nüssen, Vollkornschokoriegeln oder Sesam-Honig-Gebäck gesunde Süßigkeiten anzubieten? Auch ein Naturjoghurt, der mit einer zerquetschten Banane und etwas Honig gesüßt ist, schmeckt lecker und ist eine gute Alternative zu den übersüßten Fertigjoghurts. Sind Sie daher kreativ und setzen Sie Ihren Kindern nicht jedes Fertigprodukt vor.

▲ Frisch gepressten Saft mag jedes Kind.

Basisches außer Haus

Wenn Sie berufstätig sind, müssen Sie auf eine gesunde Ernährung nicht verzichten. Nehmen Sie sich Ihren Salat oder Ihr basisches Müsli mit zur Arbeit und achten Sie vor allem darauf, immer einen Vorrat an basischen Naschereien griffbereit zu haben – für den kleinen Hunger. Für die Lust auf Deftiges sind Oliven oder einfach ein in heißem Wasser aufgelöster Gemüsebrühwürfel sehr hilfreich.

Wie sieht es nun aus mit einem süßen Teilchen am Nachmittag? Mit einem kleinen Schokoriegel oder einem Stückchen Kuchen? Auch hier gilt: Es kommt auf die Menge an. Jeden Tag ein Stück Kuchen, dazu ein Kaffee, davor ein Putenbrustbrötchen – das ist zu viel. Einmal die Woche – Samstag oder Sonntag – ein süßes Teilchen ist völlig in Ordnung. Wenn Ihre Kollegin Geburtstag feiert und jedem was »Saures« mitbringt – feiern Sie einfach mit. Abends gibt es dafür nur eine Gemüsebrühe oder drei bis vier Pellkartoffeln mit Butter – und schon ist die Sünde ausgebügelt. Denken Sie nie: Ach, jetzt habe ich heute Mittag schon gesündigt,

WISSEN

Fruchtjoghurt – nein Danke

Fertig-Fruchtjoghurts und die diversen Puddings und Quarkspeisen bleiben ab sofort im Kühlregal des Supermarkts, auch die Fruchtjoghurts und Milchreis-Pudding-Fraktion der Bioläden sind nicht wirklich empfehlenswert, denn Zucker bleibt Zucker! Eine bessere Alternative ist ein Naturjoghurt, den Sie mit Banane und Honig anreichern. Auch lecker: pürierte frische Früchte, z. B. Erdbeeren oder Himbeeren.

---

jetzt kommt es darauf auch nicht mehr an – das sind für die Gesundheit und für die Figur gefährliche Gedankengänge. Und: Bevor Ihre Lust auf Süßes gleich mit Schokolade gestillt wird, sollten Sie mal gesunde Snacks probieren: Cashews, Mandeln, Pistazien, Rosinen, getrocknete schockgefrostete Ananas, getrocknete Papayas, getrocknete Apfelringe, Datteln oder Softfeigen. Lecker, basenreich und gesund.

Basenreiche Snacks für vormittags:
- Trockenobst oder Obst der Saison
- Nüsse
- Studentenfutter
- etwas Rohkost
- Joghurt mit Erdmandelflocken oder Mandelmus
- Gemüsesaft
- Quark mit Honig

Für nachmittags:
- Nüsse, Oliven, Studentenfutter, eine Tasse Gemüsebrühe, Joghurt mit Erdmandelflocken oder Mandelmus

Im Büro knurrt der Magen? Halten Sie sich immer einige Gemüsebrühwürfel auf Vorrat, lösen Sie einen halben in heißem Wasser auf – das rettet über den ersten Heißhunger hinweg.

Basenreich im Restaurant

Die Möglichkeiten von Restaurants, Säurebildner in das Essen zu schmuggeln, sind nahezu unerschöpflich: Da bestellt man grüne Bohnen und sie werden im Speckmantel serviert. Biorestaurants legen meist Wert auf große Gemüseportionen. Sie bekommen dort oft auch feine Getreidegerichte mit Hirse, Mais, Dinkel oder Grünkern. Essen Sie davor einen knackigen Salat und schon sind Sie auf der basenreichen Seite. Doch auch in »normalen« Restaurants können Sie Säuren ausgleichen. Achten Sie einfach darauf, einen großen Salat- und Gemüseanteil mitzubestellen. Wenn Sie sich mal wieder eine Pizza gönnen möchten, dann wählen Sie doch eine mit gegrilltem Gemüse oder frischen Tomaten anstatt mit Meeresfrüchten oder Schinken. Und vorher gibt's einen gemischten Salat (ohne Thunfisch) anstatt eines Vitello tonnato. Sie sehen: Wenn Sie ein bisschen Maß halten im Restaurant, können Sie durchaus regelmäßig essen gehen, ohne dabei total aus der Balance zu geraten. In einem guten Restaurant wird man immer bemüht sein, Ihre Wünsche zu erfüllen. Und wenn Sie vom Kellner eine brummelige Antwort erhalten: »Es gibt nur, was auf der Karte steht!«, dann vergessen Sie das Lokal – und gehen Sie dorthin, wo man Ihren Wünschen gern nachkommt.

Richtig brunchen

Sie sind mal wieder zum Brunch eingeladen und denken sich: »Mein Gott, alles Säurebildner und die Pfunde, die ich bei meiner letzten Basenfastenwoche losgeworden bin, stehen schon wieder in den Startlöchern …« Dabei ist ein Brunch eigentlich optimal. Sie können sich frei bedienen und müssen nicht alles auf den Teller laden, was angeboten wird. Und: Ihre Mitbruncher sind meist so mit essen beschäftigt, dass sie gar nicht merken, wenn Sie die eine oder andere Säurebombe links liegen lassen. Hier können Sie bedenkenlos zugreifen:
- Obst – als Vorspeise
- Blattsalate
- Salate aus Gemüse, roh oder gekocht
- Sprossen, Kräuter, Nüsse für den Salat
- Antipasti aus Gemüse
- Oliven
- Rohkost mit oder ohne Dip
- gekochtes Gemüse – wenn es frisch zubereitet ist
- Kartoffeln

Und die Säurebildner? Picken Sie sich gezielt einige wenige, zu verlockend aussehende Säurebildner als »Amuse bouche« heraus und genießen Sie diese mit gutem Gewissen, denn Sie essen ja eine Menge Basenbildner dazu.

Tipps für eine basenreichere Küche

Wenn Sie Ihr Leben basenreicher gestalten wollen, ist die richtige Auswahl der Nahrungsmittel das A und O. Doch auch die Art und Weise, wie Sie Ihre Lebensmittel zu sich nehmen, ist entscheidend dafür, wie gut sie Ihnen und Ihrer Gesundheit tun. Die folgenden Tipps zeigen Ihnen, worauf es ankommt.

Kauen Sie gründlich – Ihr Darm hat keine Zähne

Die meisten Menschen schlingen ihr Essen gedankenlos herunter und kauen einen Bissen höchstens zwei- bis dreimal. Doch genau zum Zerkleinern der Nahrung haben wir Zähne im Mund – die Schneidezähne sollten dabei als Messer fungieren und die Mahlzähne zum Zermahlen der Nahrung. Zusammen mit dem enzymreichen Speichel entsteht dabei ein Nahrungsbrei. Wenn Sie allerdings nicht richtig kauen, können die wertvollen Nährstoffe auch nicht optimal aufgenommen werden. Und der positive Nebeneffekt des guten Kauens ist, dass Sie schneller satt werden und damit weniger essen.

Runterwürgen und andere schlechte Essgewohnheiten sollten Sie sich schnell abgewöhnen! Gutes Kauen ist gar nicht so schwer. Probieren Sie es aus mit einem dünnen Apfelschnitz, der 2 cm dick ist: Sie sollten ihn mindestens 30-mal kauen. Fortgeschrittene schaffen 60- bis 80-mal! Nehmen Sie immer nur kleine Portionen in den Mund – so fällt das gute Kauen leichter. Damit erreichen Sie, dass Sie Ihre Wohlfühlessmenge finden!

Nur reifes Obst und Gemüse sind wirklich basenreich

Leider wird diese Tatsache selten beachtet und es gibt immer mehr unreifes und basenarmes Obst und Gemüse auf dem Markt. Erdbeeren sind selten wirklich rot und saftig, haben entsprechend fast kein Aroma und wenig basenbildende Mineralien und Bioaktivstoffe. Damit haben sie deutlich weniger gesundheitlichen Wert. Und auch grüne Tomaten und harte Avocados tragen nicht zu einer basenreichen Kost bei. Achten Sie unbedingt darauf, dass Sie reifes Obst und Gemüse kaufen und verzehren. **Unreifes Obst und Gemüse werden nicht basisch verstoffwechselt und können bei Menschen mit empfindlichem Magen und Darm leicht zu Blähungen und Bauchweh führen.**

Essen Sie mehr Salat und Gemüse als Obst

Oft höre ich von Patienten, die zwar hin und wieder Obst essen, um ihr schlechtes Gewissen zu beruhigen, aber um Salat und Gemüse einen großen Bogen machen. Das bringt Sie gesundheitlich nicht wirklich weiter. In Salat, Kräutern, Sprossen und Gemüse sind so viele Vitalstoffe drin, die Sie aus Obst allein nicht erhalten. Es ist wichtig, mengenmäßig deutlich mehr Salate und Gemüse zu verzehren als Obst. Wenn Sie zu viel Obst essen, vor allem am Abend, können leicht Blähungen entstehen. Daher empfehlen wir folgendes Mengenverhältnis von Obst und Gemüse bei der täglichen Nahrungsaufnahme:

Der Anteil von Obst am Gesamtessen pro Tag sollte 20 % nicht überschreiten und der Anteil von Gemüse sollte dementsprechend bei 80 % liegen. Die Obstmahlzeit sollte dabei am Vormittag liegen, die Gemüsemahlzeiten am Mittag und am Abend. Warum ist das so wichtig? Obst enthält viel Zucker, viel Wasser und wird dadurch auch schneller durch die Verdauungswege geschleust als Gemüse. Trifft das Obst im Darm auf noch nicht verdautes Gemüse, fängt das Obst an zu gären. Die Gärung erzeugt Blähungen, unter deren unangenehmen Auswirkungen viele Menschen leiden. Das ist insbesondere dann der Fall, wenn die Bakterienzusammensetzung im Darm nicht in Ordnung ist. So verhindern Sie unangenehme Blähungen:
- Essen Sie nur reifes Obst,
- kauen Sie gut,
- verzehren Sie mehr Gemüse und Salat als Obst und
- essen Sie nach 14 Uhr keine Rohkost mehr, gegartes Obst sollten Sie am Nachmittag und am Abend nicht mehr verzehren. Es kann leicht zu Völlegefühl und Blähungen führen.

Tipps für eine basenreichere Küche

Bevorzugen Sie Nahrungsmittel der Saison

Der jahreszeitliche Bezug zu Nahrungsmitteln ist den meisten Menschen verloren gegangen. Kein Wunder, denn wir können immer alles bekommen. Erdbeeren an Weihnachten, Tomaten im Januar, Pfirsiche und Pflaumen im Februar, Trauben und Feigen mitten im Winter. Und wie grässlich das schmeckt! Und wie teuer das ist! Und wie pestizidbelastet! Was soll das? Gehen Sie die Saisontabelle (S. 156–159) in diesem Buch durch und beachten Sie bei den Rezepten in diesem Buch die Jahreszeitenempfehlungen. Kaufen Sie in Zukunft viel auf dem Wochenmarkt bei einem Händler aus der Region ein. Fragen Sie ihn, woher das Obst und Gemüse stammt, das er anbietet. Sie werden sehen, dass auf der Hauptverkaufstheke meist teure Exoten stehen, während die regionalen und preiswerteren Gemüse der Saison etwas abseits ihr Dasein fristen – Petersilienwurzeln, Karotten, Pastinaken, Rote Bete, Sellerie, Schwarzwurzeln, Kohl in allen Variationen. Kaufen Sie einfach die Lebensmittel, die aus der Region sind. Das ist gut für die Gesundheit und für den Geldbeutel.

Bevorzugen Sie regionale Lebensmittel

Regionale Lebensmittel haben den Vorteil, dass die Transportwege kurz sind und die Chance, dass sie reif geliefert werden, damit größer ist. Leider sind kurze Transportwege keine Garantie für reifes Obst und Gemüse, weshalb Sie beim Einkaufen immer gut prüfen sollten, ob die Ware auch ausgereift ist. Ein positiver

Richtig essen, wenn es draußen kalt ist

Do	Don't
Karotten	Tomaten
Pastinaken	Paprika
Petersilienwurzeln	Gurken
Rote Bete	Auberginen
Sellerie	Zucchini
Kohl	Melonen
Mangold	Beeren
Kartoffeln	Zitrusfrüchte
Äpfel	
Bananen	
Trockenobst	

Nebeneffekt der kurzen Transportwege ist die niedrigere Belastung der Umwelt. Manchmal lässt es sich dennoch nicht vermeiden, importierte Lebensmittel zu kaufen, besonders im Winter.

Wenn Sie gegen Ende des Winters immer mehr Lust auf etwas Frisches verspüren, etwa auf eine saftige Ananas oder eine Maracuja, dann gönnen Sie sie sich – ohne schlechtes Gewissen. Wichtig ist, dass Sie eine Flugananas kaufen, die wirklich reif und saftig ist, und eine Maracuja, die so richtig geschrumpft aussieht, das heißt, sie ist reif. Diese exotischen und leckeren Lebensmittel sollten bei uns eher die Ausnahme sein, sie schmecken in den Ländern, in denen sie wachsen, ohnehin viel besser, weil sie dort immer frischer sind. Und wie ist es mit Orangen und Bananen? Na ja, streng genommen sind auch diese Lebensmittel Importware, aber sie sind schon so lange bei uns eingebürgert, dass ich hier etwas großzügiger bin, denn sonst hätten wir im Winter außer Äpfeln kein Obst zur Verfügung.

Bevorzugen Sie Lebensmittel aus biologischer Herkunft

Muss es denn Bio sein? Die Biodiskussion ist in aller Munde. Von jedem so ausgelegt, wie es ihm passt. Wer noch nicht Bio gekauft hat, sagt: »Siehst du, ich wusste es ja!« bei jedem noch so kleinen Skandal. Die Bioanhänger verteidigen Bio. Ich bekenne mich zu Letzteren. Aber was sind die Fakten? Als ich in den Siebzigern meine ersten Vollkornbrote im einzigen Bioladen der Stadt einkaufen ging, wurde mir das Brot von Menschen verkauft, die voll und ganz hinter der Ideologie standen. Heute führt jeder Supermarkt eine Biomarke und selbst in Biosupermärkten weiß die Verkäuferin nicht unbedingt, was ein milchsauer vergorener Gemüsesaft ist und in welchem Regal der steht.

Das ist eben so, wenn Methoden populär werden und Bio ist populär geworden. Und das finde ich auch gut, trotz der Pannen. Wir leben in einer Wirtschaftsordnung, in der Gewinnorientierung an erster Stelle steht. Aus diesem Grund wurden kürzlich von der EU zwar einige besonders gefährliche Pestizide verboten, da viele aber noch eine Zulassung bis 2017 haben, dürfen sie weiterhin verwendet werden. Dass sie krebserregend wirken und das Erbgut schädigen, reicht offenbar nicht aus, um sie sofort vom Markt zu nehmen. Insgesamt werden in der EU jährlich 300 000 Tonnen Pestizide industriell eingesetzt – der private Verbrauch nicht eingerechnet. Dies ist nur ein Detail aus dem konventionellen Anbau.

Bereits mit dem EU-Bio-Siegel sind solche Gefahren deutlich reduziert. Wirklich streng handhabt es Demeter, ein Bioverband der ersten Stunde (www.demeter.de). Dennoch ist es nicht zu vermeiden, dass auch schwarze Schafe auftauchen, die von Profitgier bestimmt sind. So werden konventionelle Obstkisten eben mal über Nacht zu Bio. Oder es werden doch verbotene Pestizide eingesetzt. Hier gilt: Mit steigender Nachfrage nach Bio mehrt sich auch die Gefahr, dass Einzelne damit Schindluder treiben. Das sollte Sie nicht davon abhalten, Bio zu bevorzugen.

Und schlussendlich das beste Argument für Bio: der Geschmack!

Essen Sie Rohkost nur dann, wenn Sie sie auch wirklich gut vertragen

Wenn Sie über eine gute Verdauung verfügen und nicht so leicht von Blähungen geplagt werden, ist Rohkost eine gesunde Sache, denn darin sind die meisten Vitalstoffe enthalten – sofern das Gemüse reif ist und aus biologischem Anbau stammt. Die Erfahrung zeigt uns allerdings, dass viele Menschen zunehmend Bauchschmerzen, Blähungen oder gar Schlafstörungen davon bekommen. Die heutigen Därme sind zu verwöhnt von industriell vorgefertigter Kost, Breichen, Milchprodukten – für die man keine Zähne benötigt, weil Milch ja ursprünglich für zahnlose Kälbchen und Zicklein geschaffen wurde. Rohkost ist für sie ein Kulturschock. Wenn Sie Rohkost bislang gescheut haben, sollten Sie nicht von einem auf den anderen Tag damit beginnen.

Essen Sie morgens Ihr Obst, wenn Sie es vertragen, auch mittags einen Rohkostsalat und abends dann keine Rohkost mehr. Übrigens ist Rohkost auch für Menschen, die einen geschwächten Nierenmeridian haben – Symptome wie kalte Hände und kalte Füße – schwierig. Oft spüren diese Menschen das und essen von sich aus eher eine wärmende Suppe als eine kalte Karotte.

Vermeiden Sie Rohkost nach 14 Uhr

Wie gut oder schlecht auch immer Sie Rohkost vertragen, nach 14 Uhr sollten Sie darauf verzichten, denn danach und vor allem am Abend ist sie bei fast allen Menschen schlechter verträglich. Das hängt mit dem Leberrhythmus zusammen, da die Leber sich nach 14 Uhr mit ihrer internen Entgiftungsarbeit beschäftigt. Diese Entgiftungsarbeit dauert die ganze Nacht an. Die Leber baut in dieser Zeit Stoffe um in solche, die der Organismus für seine Funktionen benötigt. Die daraus entstehenden Abfälle, das heißt verbrauchte saure Stoffwechselabbauprodukte, werden am nächsten Morgen meist mit dem Urin ausgeschieden, weshalb der Urin morgens auch immer ein wenig saurer ist. Stören Sie Ihre Leber nicht bei dieser Arbeit und denken Sie immer daran:

Jede Art von Rohkost, auch Obst, die Sie nach 14 Uhr zu sich nehmen, belastet Ihre Leber! Vermeiden Sie auch, Rohkost nach einer gekochten Kost zu essen. Die Verdauungszeiten von Rohkost, vor allem Obst, und Gekochtem sind verschieden und es kann so leicht zu Blähungen kommen.

Am Abend gilt: wenig und früh essen!

Nicht nur was Sie essen, sondern auch wann Sie es essen, ist für Ihre Gesundheit wichtig. Eine fette Pizza mit Wein, einem Dessert, und das noch zu später Stunde, ist für die Leber und die Verdauungsorgane eine riesige Herausforderung, die Sie nur in Ausnahmefällen zulassen sollten. Alles, was Sie nach 18 Uhr essen, belastet Ihren Verdauungsapparat, insbesondere die Leber. Sie setzen leichter Fett an und der Schlaf ist weniger erholsam. Wenn Sie gesund und schlank bleiben wollen, ist es wichtig, dass Sie Ihr Abendessen nur ausnahmsweise später zu sich nehmen.

Wenn Sie erst spät von der Arbeit nach Hause kommen, sollten Sie sich angewöhnen, nur eine Kleinigkeit zu essen, etwa eine Gemüsebrühe oder -suppe bzw. einige Kartoffeln mit Pesto. Keinesfalls sollten Sie abends spät noch ein paar Käse- oder Wurstbrote in sich hineinstopfen oder gar eine ganze warme Mahlzeit mit Fleisch, Fisch oder ein Gratin verzehren. Das ist pures Hüftgold.

Bevorzugen Sie Frischkost

Ursprünglich hat man Speisen durch Kochen oder Einlegen haltbar gemacht, weil man in der Erntezeit im Herbst nicht alles essen konnte, was die Natur bietet, und im Winter dafür nur lagerfähiges Wurzelgemüse zur Verfügung hatte. Dagegen ist auch nichts zu sagen. Inzwischen sind wir überschwemmt von lange haltbaren Lebensmitteln, sodass kaum noch jemand weiß, wie eigentlich das frische Original schmeckt. **Es soll Kinder geben, die nicht wissen, wie eine Kartoffel aussieht, geschweige denn wie sie schmeckt, sie kennen sie nur als Pommes mit Majo.**

Wenn Sie Wert darauf legen, viele Vitalstoffe mit Ihrer Nahrung aufzunehmen, sollten Sie frische Waren verzehren – insbesondere frisches Obst und Gemüse. Die kleinen Smoothies, die man überall unter verschiedenem Namen kaufen kann und die angeblich Ihren Tagesbedarf an Vitaminen decken, sind Mogelpackungen, denn Wissenschaftlern zufolge decken sie eben nicht den Tagesbedarf. Dazu kommt, dass sie längst nicht so gut schmecken wie ein frischer Fruchtmix oder wie ein frisch gepresster Saft. Auch Light-Produkte und Fettreduziertes bringen nicht den gewünschten Erfolg, wenn es um Gewichtsreduktion geht, wie Studien belegen. Lassen Sie doch einfach die Lebensmittel, wie sie sind, und essen Sie weniger davon! Auch Tiefkühlkost ist für mich keine echte Alternative zu frischem Gemüse. Es schmeckt einfach nicht so gut. Ich finde auch Tiefkühlfisch nicht so toll. Dennoch muss es manchmal schnell gehen und man hat einfach keine Zeit, um Gemüse zu schälen.

Schonend zubereiten:

Die schonendste Art der Gemüsezubereitung ist Dämpfen und Dünsten – bis das Gemüse »al dente«, also zum Reinbeißen, ist. Anbraten sollten Sie so wenig wie möglich und wenn, dann nur kurz. Je länger Gemüse gekocht oder gedünstet wird, umso wertloser wird es für unseren Körper. Eine Möglichkeit, Gemüse schonend zu garen, ist der Gemüsedämpfer, ein Edelstahltopf mit einem Siebeinsatz, in dem das Gemüse im Dampf gegart wird. Dadurch, dass das Gemüse nicht im Wasser schwimmt, werden keine Mineralien ausgeschwemmt und das Gemüsearoma ist intensiver.

Mit diesen Rezepten punkten Sie basisch

Hier kommen sie, meine Rezepte! Die Nahrungsmittel, die Sie dabei verzehren, sollten gerade Saison haben und reif sein. Wenn Sie es nun noch schaffen, säurebildende Getränke wie Kaffee, Limonaden und Alkohol auf ein Minimum zu beschränken und sich regelmäßig zu bewegen, dann steht Ihrem Wohlbefinden nichts mehr im Wege.

Genießen und dabei Basenpunkte sammeln

Wenn Sie gerade erst damit anfangen, sich basenreicher zu ernähren, fehlt Ihnen vielleicht noch das Gefühl dafür, wie das Mengenverhältnis von Säure- und Basenbildnern ideal ist. Deshalb sehen Sie bei jedem Rezept, wie sauer oder wie basisch es ist, und können sich so Ihren basenreichen Tagesplan zusammenstellen. Irgendwann brauchen Sie dann meine Anhaltspunkte nicht mehr.

Warum Anhaltspunkte? Ganz einfach. Wie die Basenfastenfans unter den Lesern wissen, ist es mit den derzeitigen Formeln nicht möglich, den Säuregrad eines Lebensmittels genau zu bestimmen – zumal man im Einzelfall nicht weiß, welche Obst- oder Gemüsesorte Sie für das jeweilige Rezept verwenden. Denn der Säuregrad hängt auch von der Sorte und dem Reifezustand ab. Basische grüne Punkte bzw. saure rote Punkte zu verteilen wird also immer nur eine Annäherung sein – eben Anhaltspunkte. Aber die helfen Ihnen erst mal zur Orientierung.

Das Anhaltspunktesystem

- Die Basenanteile eines Rezepts sind als grüne Punkte gekennzeichnet. Ein 100% basisches Rezept hat 20 grüne Punkte.
- Die Säureanteile eines Rezepts sind als rote Punkte gekennzeichnet. Ein 100% saures Rezept – was es in diesem Buch natürlich nicht gibt – hat 20 rote Punkte.
- Erstrebenswert ist es, pro Tag auf 80 grüne und 20 rote Punkte zu kommen.
- Dazu werden natürlich auch die Getränke gezählt. Rechnen Sie pro Tasse Espresso 10 Punkte, pro Becher Kaffee/Milchkaffee 20 Punkte, pro Glas Limo/Cola: 20 Punkte. Pro Glas Alkohol 20 Punkte. Wie gesagt, das ist nur eine grobe Orientierung.

Wie sieht das praktisch aus? Wenn Sie pro Tag viel Wasser trinken, 80 grüne und 20 rote Punkte beim Essen haben und einen Espresso dazu trinken, dann haben Sie 80 grüne und 30 rote – das ist immer noch ein akzeptabler Wert. Wenn Sie allerdings 2 Espresso trinken und 3 Gläser Wein dazu – dann kippt das Basenreiche, das Sie mit dem Essen erreicht haben, in das Säurelastige. Bitte werden Sie hier nicht zum peniblen Punktezähler – das stresst und macht sauer. Es geht nur darum, dass Sie ungefähr erkennen, wie Sie diese Gleichgewichte beeinflussen können. Und wenn Sie wie ich gern Ihren Espresso trinken, dann essen Sie etwas weniger Brot oder Käse oder Fleisch, dafür mehr Gemüse – damit Sie nicht über 20–30 rote Punkte kommen.

Beispiel für einen idealen basenreichen Tag:
- **Frühstück:** Basisches Müsli – 20 grüne Punkte, dazu: Kräutertee
- **Mittagessen:** Bataviasalat mit frischer Kresse und Karottenraspeln – 20 grüne Punkte
- **Danach:** Junger Spinat mit Polentaschnittchen – 10 grüne, 10 rote Punkte
- **Abendessen:** Zucchinipfännchen mit Oliven und Schafskäse – 10 grüne, 10 rote Punkte

Und wie wäre es, auch Gästen mal Basenreiches anzubieten? Im Rezeptteil finden Sie viele leckere Gerichte, bei denen Ihre Gäste nicht auf die Idee kommen, sie stammten aus einem »gesunden« Kochbuch. Ein Beispiel:
- Erster Gang: Kürbis-Maronen-Cremesuppe – 20 grüne
- Zweiter Gang: Seelachsröllchen mit Dill auf einem Karotten-Mangold-Bett – 8 grüne, 12 rote
- Dessert: Feigenjoghurt mit Honig und Nussmix – 10 grüne, 10 rote

Ihre Grundausstattung

Bevor Sie nun Ihr Leben basenreicher gestalten, sollten Sie einen kleinen Küchencheck vornehmen. Zum einen sollten Sie sich einen basischen Grundvorrat zulegen, damit immer genügend Basisches im Haus ist. Zum anderen gibt es einige nützliche Küchenhelfer, die Ihnen bei der gesunden und leckeren Zubereitung basenreicher Rezepte zur Seite stehen. Sie müssen diese Küchenhelfer nicht haben – es ist lediglich eine Empfehlung.

Wenn Sie kein Geschäft in Ihrer Nähe haben, in dem Sie Sesamsalz, Erdmandelflocken oder basische Biolebensmittel erhalten, finden Sie unter www.e-biomarkt.de in der Rubrik »Basenfasten« alle dort verfügbaren Lebensmittel sowie ein basisches Starterpaket. E-Biomarkt verschickt auch ins europäische Ausland.

Die richtige Ausstattung für die basenreiche Küche

Nachdem Sie nun wissen, welche Lebensmittel Sie für ein basenreicheres Leben immer zu Hause haben sollten, kommt die Küche dran. Stöbern Sie mal in allen Schränken. Haben Sie alles im Haus, was Ihnen die Gemüsezubereitung erleichtert? Vielleicht entdecken Sie noch irgendwo ein altes Küchengerät, das Sie noch nie verwendet haben, oder einen Milchaufschäumer, den Sie nie brauchen. Wenn Sie bislang keine ausgesprochene Gemüseküche gehabt haben, dann ist die Anschaffung des einen oder anderen Küchenutensils vielleicht sinnvoll. Wenn Sie so wenig wie möglich für Ihre Küchenausstattung ausgeben wollen, dann rate ich, wenigstens einen Gemüsedämpfer oder ein Einhängesieb zum Gemüsedämpfen anzuschaffen. Diese Anschaffung ist eigentlich ein Muss für die vitalstoffreiche Küche.

Apfelschneider

Einen Apfelschneider finden Sie in allen Haushaltswarenabteilungen von Kaufhäusern, oft sogar in Supermärkten. Diese kleine und einfach zu handhabende Küchenhilfe teilt Äpfel blitzschnell in kleine Schnitze und entfernt dabei das Kerngehäuse. Die Schnitze können Sie direkt essen, ins Müsli oder in den Entsafter geben. Der Apfelschneider ist leicht zu säubern und kostet nur wenige Euro.

Gemüsereibe

Eine Gemüsereibe befindet sich eigentlich in jedem Haushalt. Egal, ob Sie eine einfache mechanische haben oder ob sie Bestandteil Ihrer Küchenmaschine ist – Gemüsereiben sind sinnvoll. Sie können damit Gemüse zu allem Möglichen verarbeiten: Scheiben, Stiften, Raspeln. Wenn Sie gern mal ein Gemüsecarpaccio herstellen wollen, empfehle ich allerdings einen Trüffelhobel, der hauchdünne Scheiben entstehen lässt.

Gemüsespaghettimaschine

Unter dem Namen Spirali können Sie eine Gemüsespaghettimaschine erwerben, mit der sie Kohlrabi, Kartoffeln, Karotten oder auch Zucchini blitzschnell zu dünnen Spiralis verarbeiten können. So entstehen sehr lange, dünne Fäden, die das Aroma des Gemüses besonders gut zur Geltung bringen. Gerade wenn Sie Kinder haben, lohnt sich die Anschaffung,

Ihre basische Einkaufsliste

Lebensmittel

reines Quellwasser, 20 bis 25 Liter

1 – 2 Päckchen Kräutertee – ohne Früchte, Roibusch oder Aromen

2 – 3 Sorten kalt gepresste Öle – am besten Oliven- und Sonnenblumenöl

Zitronen für das Salatdressing und für die Fruchtsalate

1 Päckchen Chufas-Nüssli (Erdmandelflocken aus dem Reformhaus oder Bioladen)

1 kleines Päckchen Mandelblättchen oder Mandelstifte

1 Päckchen geschälte oder ungeschälte Mandeln

1 kleines Glas Mandelmus – bitte ohne Honig

1 Glas Sesamsalz (Gomasio) – aus dem Reformhaus oder Bioladen

1 Päckchen Sesamsaat oder Ölsaatenmischung (Reformhaus)

1 Päckchen Sonnenblumenkerne aus kontrolliert biologischem Anbau

Gewürze: schwarzer, weißer und bunter Pfeffer, Galgant, Curcuma, Korianderkörner, Bockshornklee, Bohnenkraut, Schwarzkümmel, Liebstöckel (Reformhaus)

2 Päckchen Gemüsebrühe als Würfel oder in der Dose. Achten Sie darauf, dass die Gemüsebrühe keine Geschmacksverstärker wie Glutamat enthält.

1 Kilo Kartoffeln, verschiedene Sorten

1 Kilo Karotten

Einige Schalotten und Gemüsezwiebeln. Sie können auch nur Gemüsezwiebeln kaufen.

einige Bananen

2 – 3 Päckchen ungeschwefeltes Trockenobst nach Wahl, z. B. getrocknete Apfelringe, getrocknete Aprikosen, getrocknete Feigen

1 Glas schwarze ungefärbte Oliven ohne Knoblauch und Essig, evtl. auch 1 Glas grüne Oliven

1 Topf Glattpetersilie oder Schnittlauch für Ihre Salate – im Topf halten sich diese Kräuter länger frisch als in geschnittener Form

je 1 Topf Basilikum, Rosmarin, Zitronenthymian oder Thymian für die Salate und für die Gemüsegerichte

denn so schlagen selbst kleine Gemüsemuffel gern richtig zu.

Ingwerreibe

Eine Ingwerreibe ist eher ein Luxusartikel – Sie müssen keine besitzen. Ingwerreiben sind in der Regel aus Porzellan oder aus Glas. Sie sind nicht so scharf wie Reiben aus Metall. Man kann damit Ingwer so fein zerreiben, dass sich das Ingweraroma schneller in der Speise entfaltet, und verhindert damit, später auf größere, scharfe Ingwerstückchen beißen zu müssen. Sie können Ihr Ingwerstück für die Suppe oder für ein Gemüsegericht auch ganz klein schneiden – mit ähnlichem Effekt. Das funktioniert aber auch mit einer Apfelreibe, die ich bei meinen Söhnen früher verwendet habe, um Äpfel, gekochten Kohlrabi oder gekochte Karotten für ihre Breie zu zerkleinern.

Milchaufschäumer

Vielleicht haben Sie sich auch einen Milchaufschäumer zugelegt oder geschenkt bekommen, als vor einigen Jahren das Cappuccinofieber ausbrach und jeder Haushalt plötzlich eine Espressomaschine oder wenigstens einen Milchaufschäumer besitzen musste. Bei mir jedenfalls lag er seit Jahren in der Schublade, bis ich entdeckte, dass er sich wunderbar zur Herstellung von Dressings, aber auch von anderen Saucen eignet. Die Saucenbestandteile vermengen sich mithilfe dieses Gerätes viel besser, als wenn Sie das von Hand versuchen, und es entsteht dabei ein kleiner Schaum, der Saucen so gourmetartig aussehen lässt. Mit dem Milchaufschäumer gelingt dies binnen weniger Sekunden.

Mixer
Die meisten Küchenmaschinen verfügen über einen Mixeraufsatz. Er ist zum Herstellen von Fruchtshakes unentbehrlich und darüber hinaus eine gute Alternative, wenn Sie keinen Entsafter haben. Ein Mixer kann nur relativ weiche Früchte wie Bananen, Kiwi, Mango, Ananas, alle Beerenarten, Pflaumen, Kirschen und Pfirsiche zerkleinern, aber das ist ja schon eine ganze Menge. Sie können mit einem Mixer auch Suppen pürieren, wenn Sie keinen Pürierstab haben.

Pürierstab
Dieses nützliche Küchengerät möchte ich nicht mehr missen, denn ich bin leidenschaftliche Suppenesserin – auch meine Söhne lieben sie. Und mit dem Pürierstab (Zauberstab) lässt sich jede Gemüsesuppe fix in eine Gemüsecremesuppe verwandeln. Übrigens: Wussten Sie, dass sich die Bezeichnung »Gemüsecremesuppe« nicht auf den Sahnegehalt der Suppe bezieht, sondern eine Suppe bezeichnet, die püriert ist? Das heißt, laut Brockhaus ist eine Gemüsecremesuppe eine reine pürierte Gemüsesuppe ohne weitere Zutaten, eine rein basische also. Im Rezeptteil dieses Buches und in unseren Basenfastenbüchern finden Sie jede Menge Ideen für Gemüsecremesuppen ohne Sahne (ab S. 76). Sie dürfen natürlich auch mal einen Klecks Crème fraîche dazugeben (plus 1 roter Punkt). Sollten Sie daher keinen Pürierstab besitzen – diese Anschaffung lohnt sich.

Scharfe, glatte Messer
Schonende Zubereitung von Gemüse fängt beim Schneiden an. Mit scharfen und glatten Messern bleiben die meisten Vitalstoffe erhalten, denn es werden dadurch nur wenig Pflanzenzellen, die die wertvollen Nährstoffe enthalten, verletzt. Messer aus Keramik schneiden am allerbesten und verhindern, dass Gemüse mit Metallionen der sonst üblichen Messer in Verbindung kommen. Lediglich wenn Sie Kinder im Haushalt haben, sollten Sie vorsichtig sein, denn sie zerbrechen, wenn sie auf den Boden fallen. Ich hüte mein Keramikmesser immer wie meinen Augapfel, wasche es immer gleich wieder von Hand ab und lasse es in einer Schublade verschwinden. Egal, welche Messer Sie haben – schleifen Sie sie regelmäßig, damit sie scharf bleiben. Keramikmesser gibt es unter anderem bei Keimling (www.keimling.de).

Trüffelhobel
Ein Trüffelhobel ist wie Trüffel ein Luxusartikel. Sie müssen ihn nicht anschaffen. Er ist dann sinnvoll, wenn Sie gern Gemüsecarpaccios essen. Denn mit ihm lassen sich Pilze, Kohlrabi, Rettich, Navets-Rübchen, Karotten, Radieschen und Rote Bete im Nu in hauchdünne Scheiben schneiden. Sie werden sehen, dass dies das Aroma der Gemüse verfeinert. Sie können mit dem Trüffelhobel, der aus Edelstahl ist, die gewünschte Dicke der zu schneidenden Scheiben einstellen – von hauchdünn bis so grob wie bei einer herkömmlichen Gemüsereibe. Alternativ können Sie ein Carpaccio immer auch mit einer Gemüsereibe herstellen – wenn Sie nicht so viel Wert auf extrafeines Gemüsearoma legen.

Zitruspresse
Für das basische Salatdressing und für das basische Müsli benötigen Sie Zitronen-, Mandarinen- oder Orangensaft – mit einer einfachen Zitruspresse ausgepresst. Aber welcher Haushalt hat die nicht? Es gibt auch schicke elektrische Zitruspressen – aber das muss gar nicht sein. Ich habe eine einfache aus Glas und eine aus Edelstahl. Sie sind leicht zu handhaben und blitzschnell wieder sauber.

Start in den Tag: Säfte und Shakes

Starten Sie in den Tag mit einem frisch gepressten Saft aus Obst und/oder aus Gemüse. Auch ein Shake aus frischem und reifem Obst der Saison liefert Ihnen Ihre erste Basenportion für den Tag und macht fit.

Vormittags gibt's Obst

Der Vormittag ist die beste Tageszeit, um die tägliche Obstration zu verzehren. So haben Sie die erste basische Ration schon gegessen und starten mit einem deutlichen Basenüberschuss in den Tag. Ein frisch gepresster Saft am Morgen ist ein regelrechter Muntermacher. Doch denken Sie nun ja nicht, es wäre egal, ob ein Saft aus der Flasche kommt oder ob er frisch gepresst ist. Ich persönlich liebe Karottensaft am liebsten mit Apfel gemischt, sofern er frisch gepresst ist. Aus der Flasche kann ich Karottensaft nicht ausstehen. Er schmeckt kein bisschen nach einer frischen Karotte. Wenn Sie in Ihrer Basennot dann doch mal auf ein Fertigprodukt zurückgreifen müssen, sollten Sie einen milchsauer vergorenen Gemüsesaft bevorzugen – gibt es in Reformhäusern und Bioläden. Sie haben den Vorteil, dass sie jede Menge darmfreundliche Milchsäurebakterien enthalten.

Auch nach dem Basenfasten ein ideales Frühstück: das basische Müsli (ab S. 46). Es wird nie langweilig, denn Sie können nach Saison immer neue Obstkreationen zaubern.

Säfte und Shakes – Süßes, nicht nur für Kinder

Wenn Sie zum Frühstück einen frisch gepressten Saft trinken, bedenken Sie bitte auch, dass es sich dabei um eine Mahlzeit handelt – kauen Sie den Saft, speicheln Sie ihn gut ein. So können die Vitamine und Mineralien besser aufgenommen werden.

Wenn Sie Kinder haben, ist die Anschaffung eines Entsafters wirklich eine Überlegung wert – Säfte trinken Kinder immer gern und es lässt sich auch mal eine sonst ungeliebte Karotte hineinmogeln. Frisch gepresste Säfte und Shakes sind die beste Möglichkeit, Vitalstoffe und vor allem die wertvollen Bioaktivstoffe direkt aufzunehmen. Doch Entsafter sind nicht alle gleich – es sollte dann schon ein hochwertiger sein, der ohne viel Wärmeentwicklung arbeitet und gut entsaftet, sodass die Vitalstoffe wirklich im Saft sind. Ich empfehle genau zwei Geräte: Green Star und Champion. Billige Entsafter funktionieren mit Zentrifugalkraft, einer Art Schleudern, bei dem mit bis zu 13 000 Umdrehungen pro Minute gearbeitet wird. Je weniger Umdrehungen der Entsafter benötigt, umso intensiver und besser schmeckt der Saft.

Und was ist mit meinem Frühstückskaffee?

Kaffee, egal ob gebrühter, ob Espresso oder Schonkaffee – er wirkt säurebildend. Auch er ist ein Genussmittel, auf das viele Menschen nicht verzichten wollen. Problematisch ist bei Kaffee der Puringehalt, weshalb der Espresso noch die beste Variante ist. Der gebrühte Kaffee, vor allem, wenn er stundenlang herumsteht, enthält alle ausgeschwemmten Purine. Das schnelle Zubereitungsverfahren von Espresso unter hohem Druck schwemmt weniger Purine aus. Auch ist Espresso magenverträglicher als Filterkaffee. Entkoffeinierte Kaffees sind Mogelpackungen. Ein Großteil des Koffeins wird in einem chemischen Verfahren herausgelöst – ein Teil Koffein bleibt erhalten –, dazu kommen die Chemikalien, die für das Entkoffeinieren nötig sind. Und: Wenn Sie gar Cappuccino trinken oder Milchkaffee, dann haben Sie einen zweiten Säurebildner dabei. Hier gilt: Wenn Kaffee, dann einen richtigen – am besten Espresso und das ein- bis höchstens zweimal pro Tag.

Übrigens: Auch schwarzer, grüner oder weißer Tee sind säurebildende Getränke: Am besten beschränkt man diese auf 1–2 Tassen pro Tag.

SÄFTE UND SHAKES

Apfelsaft mit Urkarotte und Zitronenmelisse

Im Frühling bringen frische Kräuter den Kick (Foto siehe S. 38).

▶ **Für 2 Gläser**
Anhaltspunkte: 20 grüne
⏲ 7 Min.
8 Äpfel · 3 große Urkarotten (Betakarotten) · etwas Zitronenmelisse (vom Markt oder aus dem Garten) · 1 EL gemahlene Mandeln · 1 TL Sonnenblumenöl

- Die Äpfel waschen, das Kerngehäuse entfernen, die Äpfel in Schnitze schneiden und in den Entsafter geben. Die Urkarotten mit der Gemüsebürste unter fließendem Wasser säubern und mit der gewaschenen Zitronenmelisse (einige Blättchen für die Deko zurückbehalten) in den Entsafter geben.
- Mandeln und das Öl mit dem Saft vermischen. Mit einigen Blättchen Zitronenmelisse dekorieren.

Herbstlicher Quittensaft mit Walnüssen

Die herbe Quitte schenkt dem Saft ein köstliches Aroma.

▶ **Für 2 Gläser**
Anhaltspunkte: 20 grüne
⏲ 7 Min.
4 mittelgroße Äpfel · 2 große Quitten · 4 mittelgroße Karotten · 1 Handvoll frische Walnüsse

- Die Äpfel waschen, das Kerngehäuse entfernen, die Äpfel in Schnitze schneiden und in den Entsafter geben. Die Karotten mit der Gemüsebürste unter fließendem Wasser säubern und in den Entsafter geben.
- Die Quitten waschen und vorsichtig in Stücke schneiden, denn Quitten sind sehr hart. Die Walnüsse aufknacken und mit den Quitten in den Entsafter geben.

Apfel-Karotten-Saft mit Johannisbeeren und Cashewkernen

Im Juni auch mal mit leckeren Jostabeeren probieren – Vitamin C pur!

▶ **Für 2 Gläser**
Anhaltspunkte: 19,5 grüne, 0,5 rote
⏲ 7 Min.
2 süße Äpfel · 1 Karotte · 1 Schale schwarze Johannisbeeren · 1 EL Cashewkern-Mus oder 10 gehackte Cashewkerne · 1 TL Honig

- Die Äpfel waschen, das Kerngehäuse entfernen und die Äpfel in Schnitze schneiden. Die Karotten mit der Gemüsebürste unter fließendem Wasser säubern.
- Johannisbeeren waschen und abtropfen lassen. Abwechselnd Apfelstücke, Beeren und Karottenstücke in den Entsafter geben. Das Cashewkernmus unterrühren oder die Cashewkerne mit in den Entsafter geben. Den Honig unterrühren.

▶ **Variante**
Der Saft schmeckt auch herrlich mit Jostabeeren – eine Kreuzung aus schwarzen Johannisbeeren und Stachelbeeren und superlecker. Im Juni findet man sie hin und wieder auf Wochenmärkten.

FRÜHSTÜCKSVARIATIONEN

◀ Herbstlicher Quittensaft mit Walnüssen

Frühlingshafter Erdbeershake mit Minze

Da lassen sogar die Kinder ihr Marmeladenbrot liegen.

▶ Für 2 Gläser
Anhaltspunkte: 20 grüne
⏲ 9 Min.
2 reife Bananen · 500 g reife Erdbeeren (Bio) · Saft von 1 kleinen Zitrone · einige Blättchen frische Pfefferminze

- Die Erdbeeren waschen, putzen und in den Mixer geben. Die Minze waschen, mit den Bananen und den Erdbeeren im Mixer pürieren. Die Zitrone auspressen und mit dem Shake vermischen.

Südseeshake mit Mango

Augen zu und man hört den Wind in den Palmen.

▶ Für 2 Gläser
Anhaltspunkte: 20 grüne
⏲ 7 Min.
2 sehr reife, weiche Mangos · 1 reife Babyananas oder ½ reife Flugananas · 1 EL Kokosflocken oder Mandeln

- Die Mangos schälen, das Fruchtfleisch vom Kern entfernen und die Mangostücke in den Mixer geben. Ananas und Kokosflocken dazugeben und alles mixen. Mit einigen Kokosflocken bestreut servieren.

Säfte und Shakes

Shake von saftigen Williamsbirnen

Das Aroma einer reifen Williamsbirne ist ein Hochgenuss.

▶ Für 2 Gläser
Anhaltspunkte: 20 grüne
⏱ 7 Min.
2 reife Bananen · 3 reife Birnen · Saft von 1 Mandarine · 1 TL gemahlene Mandeln

- Die Birnen waschen, Stiel und Kerngehäuse entfernen und zu den Bananen in den Mixer geben. Den Mandarinensaft und die gemahlenen Mandeln zum Shake geben und vermischen.

Sommerlicher Pfirsich-Himbeer-Shake

So etwas Leckeres soll gesund sein? Kaum zu glauben!

▶ Für 2 Gläser
Anhaltspunkte: 20 grüne
⏱ 5 Min.
1 kleine Schale Himbeeren · 2 weiche, reife Pfirsiche · 2 Bananen · 1 EL Kokosflocken

- Die Himbeeren waschen, abtropfen lassen und in den Mixer geben. Den Pfirsich waschen, entkernen und klein schneiden. Die Bananen schälen, klein schneiden und dazugeben, mixen. Die Kokosflocken untermischen und einige über den fertige Shake streuen.

Melonenshake mit Himbeeren

Fruchtig-Frisches für heiße Tage.

▶ Für 2 Gläser
Anhaltspunkte: 20 grüne
⏱ 7 Min.
1 Schale Himbeeren · 1 mittelgroße reife Charantais-Melone (wahlweise eine reife Honigmelone) · einige Blättchen Pfefferminze

- Die Himbeeren waschen und abtropfen lassen. Einige Himbeeren für die Deko zur Seite legen. Die Melone halbieren, die Kerne herausschaben, das Fruchtfleisch schälen und mit den Himbeeren im Mixer pürieren. Mit den zur Seite gelegten Himbeeren und Minzeblättchen dekoriert servieren.

Ananas-Brombeer-Shake mit Walnüssen

Mit ganz reifen und süßen Brombeeren ein Gaumenschmaus.

▶ Für 2 Gläser
Anhaltspunkte: 20 grüne
⏱ 7 Min.
1 Schale reife Brombeeren · 1 reife Babyananas oder ½ reife Flugananas · 1 TL gehackte Walnüsse

- Die Brombeeren waschen, abtropfen lassen und in den Mixer geben. Ananas und Walnüsse dazugeben und alles mixen.

SÄFTE UND SHAKES

FRÜHSTÜCKSVARIATIONEN

Heidelbeershake mit Pfirsich und Kokos
Beeriges zum Frühstück macht bärenstark.

▶ **Für 2 Gläser**
Anhaltspunkte: 20 grüne
⊘ 7 Min.
2 reife Bananen · 1 kleine Schale Heidelbeeren · 1 sehr reifer Pfirsich · Saft von 1 kleinen Zitrone · 1 EL Kokosflocken

- Die Heidelbeeren waschen und abtropfen lassen. Den Pfirsich waschen, das Kerngehäuse entfernen und mit den Bananen und den Heidelbeeren mixen. Zitronensaft und Kokosflocken zum Shake geben und vermischen.

Tipp
Probieren Sie dieses Rezept auch mal mit weichen reifen Nektarinen anstelle von Pfirsich oder mit Kiwi.

Johannisbeershake
Säuerlich-spritzig – muss ja nicht immer zu süß sein.

▶ **Für 2 Gläser**
Anhaltspunkte: 20 grüne
⊘ 7 Min.
4 reife Apfelbananen · 250 g rote Johannisbeeren · 1 TL Erdmandelflocken

- Die Bananen schälen und in den Mixer geben. Die Johannisbeeren waschen, abzupfen, dazugeben. Die Erdmandelflocken hinzufügen und alles vermixen.

▶ *Variante*
Wenn Sie im Juni oder Juli auf einem Wochenmarkt Jostabeeren finden – das ist eine Kreuzung aus schwarzen Johannisbeeren und Stachelbeeren – sollten Sie daraus eine Jostabeeren-Bananen-Smoothie probieren. Superlecker und nicht so sauer wie Johannisbeeren.

Shake von Minneolas und Walnüssen
Mandarinig-orangig – fruchtiger geht es nicht im trüben Winter.

▶ **Für 2 Gläser**
Anhaltspunkte: 20 grüne
⊘ 7 Min.
2 Minneolas · 2 reife Bananen · 1 EL gehackte Walnüsse

- Die Minneolas auspressen. Die Bananen im Mixer pürieren. Den Saft der Minneolas und die gehackten Walnüsse untermischen.

> ### WISSEN
> #### Sie kennen Minneolas noch nicht?
> Dann haben Sie was leckeres Basisches und Vitamin-C-Reiches verpasst. Minneloa ist eine Kreuzung aus Orange und Mandarine – von der Größe her eher wie eine Orange. Sie hat einen köstlichen, aber nicht zu aufdringlichen Mandarinengeschmack und ist sehr saftig. Zu kaufen bekommt man sie nur ab Ende Oktober bis in den Januar hinein – allerdings nicht in normalen Supermärkten. Solche exklusiven Früchtchen finden Sie in Gemüsegeschäften, auf Wochenmärkten und in türkischen Lebensmittelgeschäften.

Mango-Heidelbeer-Shake

Aufregend in der Farbmischung – aufregend im Geschmack.

▶ **Für 2 Gläser**
Anhaltspunkte: 20 grüne
⊙ 5 Min.
2 sehr reife Mangos · 1 Schale Heidelbeeren · einige Zitronenmelisseblätter · 1 EL Kokosflocken

– Die Mangos schälen, die Kerne entfernen, die Mangos in grobe Stücke schneiden und in den Mixer geben. Die Heidelbeeren und die Zitronenmelisse waschen, abtropfen lassen und mit den Mangos vermixen. Mit den Zitronenmelisseblättern dekorieren.

Nektarinen-Heidelbeer-Shake

Nicht knackige Früchtchen sind hier gefragt, sondern weiche, reife!

▶ **Für 2 Gläser**
Anhaltspunkte: 20 grüne
⊙ 5 Min.
2 weiche, reife Nektarinen · 1 Schale Heidelbeeren · 1 TL Erdmandelflocken

– Die Nektarinen waschen, halbieren, entkernen und in den Mixer geben. Die Heidelbeeren waschen und in den Mixer geben. Die Erdmandelflocken dazugeben und vermixen.

Spätsommerlicher Stachelbeershake

Die heimische Schwester der Kiwi ist ja soo lecker!

▶ **Für 2 Gläser**
Anhaltspunkte: 20 grüne
⊙ 5 Min.
2 Bananen · 1 Schale Stachelbeeren (gibt es im Spätsommer und im frühen Herbst auf Wochenmärkten) · Saft von 1 Zitrone · 1 EL Kokosflocken

– Die Stachelbeeren waschen, abtropfen lassen und mit den Bananen in den Mixer geben. Die Zitrone auspressen und mit den Kokosflocken unter das Shake mischen. Mit Kokosflocken dekoriert servieren.

Bananen-Buttermilch-Shake mit Zitronenmelisse

Frisches und Schnelles für Frühling und Sommer.

▶ **Für 2 Gläser**
Anhaltspunkte: 10 grüne, 10 rote
⊙ 7 Min.
2 reife Bananen · 1 Becher reine Buttermilch · 1 TL gehackte Pistazien · einige Blättchen frische Zitronenmelisse

– Die Bananen schälen, mit der Buttermilch in den Mixer geben und mixen. Mit den Pistazien und den Zitronenmelisseblättchen bestreuen und servieren.

Leckere Müslis, die satt machen

Als Müsli werden die unterschiedlichsten Frühstücksvarianten bezeichnet und jeder versteht etwas anderes darunter. Für manche ist es nur eine x-beliebige Flockenmischung plus Milch. Doch ein wenig anspruchsvoller und gesünder darf es schon sein. Es muss nicht immer mein klassisches Basenmüsli sein, aber es gibt viele leckere Varianten – sehen Sie selbst.

Die Basis des basenreichen Frühstücks – der Apfel

Sie finden in vielen der Rezeptvorschläge für das Frühstück einen Apfel als Grundzutat. Wenn Sie das langweilig finden, kennen Sie bislang nur die drei bis vier Sorten, die Sie im Supermarkt oder auf dem Markt gekauft haben. Golden Delicious, Jonagold und vielleicht auch Elstar – ein sehr leckerer Apfel. Aber kennen Sie auch Braeburn, Falstaff, Goldparmäne, Klarapfel, Topaz, Boskop, Florina, Rubinette und Idared? Man geht davon aus, dass es in Deutschland um die 2000 Apfelsorten gibt. Es lohnt sich daher, mal genauer hinzuschauen auf den Wochenmärkten – vor allem im Herbst. Tauchen Sie ein in die Apfelwelt und lassen Sie sich vom Geschmack überzeugen. Sie essen doch auch nicht immer dieselbe Käsesorte! Äpfel enthalten übrigens eine Menge Bioaktivstoffe wie Flavonoide, die entzündungshemmende und antioxidative Eigenschaften haben.

◀ Sommermüsli mit Apfelbanane und Heidelbeeren

Und: Je nach Saison können Sie das Basenmüsli mit Apfel auch mit anderen Frchten der Saison ergänzen, z.B. mit Birnen, Pfirsichen oder Nektarinen.

Peppen Sie Ihr Müsli auf!

Cashew-, Pinien- oder Sonnenblumenkerne sowie Zedern- oder Paranüsse passen gut. Und Trockenobstsorten eignen sich besonders im Winter, wenn es nicht genügend frisches Obst gibt. Auch frisch gekeimte Braunhirsesamen (S. 56) liefern eine Menge Vitalstoffe im Winter und schmecken lecker. Probieren Sie auch mal Hirse-, Dinkel-, Haferflocken oder Weizenkeime aus.

Keine Milch im Müsli?

Nein, die finden Sie bei mir nicht, denn ich finde, die Milch ist kein wirklich empfehlenswertes Lebensmittel für Erwachsene. Wenn Sie gern mal einen Cappuccino trinken, dann tun Sie das, weil er Ihnen schmeckt, und rechnen Sie dafür 10 rote Punkte (S. 35) auf Ihr Säure-Tageskonto. Kuhmilch wird in den gängigen Tabellen als leicht basenbildend eingestuft. Bei der Rohmilch stimmt das auch. Handelsüblich sind jedoch pasteurisierte und H-Milch (ultrahocherhitzt). Beide Verfahren verändern die Milch chemisch und machen ihre Säurewirkung aus. Rohmilch, auch als Vorzugsmilch bekannt, gibt es in Reformhäusern oder direkt beim Bauern. Auch Rohmilchprodukte wie Rohmilchkäse sind leicht basenbildend. Und inzwischen ist auch längst belegt, dass Milch nicht vor Osteoporose schützt. Um das zu beweisen, benötigt man keine Studien. In den Industrienationen nimmt die Anzahl der an Osteoporose erkrankten Menschen bedrohlich zu – trotz eines enormen Verzehrs an Milchprodukten! Decken Sie Ihren Kalziumbedarf daher lieber mit Rucola, Sesam, auch Sesamsalz, Mandeln, Kresse, Sojafleisch, Grünkohl, getrockneten Feigen, Petersilie, Schnittlauch und Kichererbsen. Sie enthalten teilweise viel mehr Kalzium als Kuhmilch. Sesam enthält beispielsweise sechsmal mehr Kalzium als die vergleichbare Menge Milch. Dazu kommt, dass Kalzium aus pflanzlicher Herkunft vom Körper viel besser aufgenommen werden kann als aus der Milch.

Bei manchen Rezepten verwende ich übrigens Naturjoghurt. Je nach Verträglichkeit oder Lust können Sie wählen, ob der Joghurt aus Ziegenmilch, Schafsmilch oder Kuhmilch ist. Wenn Sie es mögen, können Sie auch zu Sojajoghurt greifen.

Basisches Müsli

Mein Klassiker – macht selbst notorische Brotesser satt.

▶ **Für 2 Personen**
Anhaltspunkte: 20 grüne
🕒 7 Min.

2 Äpfel (beispielsweise die Sorte Rubinette oder Topaz) · 2 reife Bananen · einige gehackte Mandeln · 2 EL Erdmandelflocken · Saft von ½ Zitrone oder Mandarine

- Äpfel waschen, mit einem Apfelschneider in Stücke teilen und diese in dünne Scheiben schneiden. Die Bananen schälen und klein schneiden. Obst mit den Mandeln und Erdmandeln mischen und den Saft darübergeben.

Basenmüsli mit Erdbeeren und Pistazien

Aroma pur zum Sommerauftakt.

▶ **Für 2 Personen**
Anhaltspunkte: 20 grüne
🕒 7 Min.

1 kleine Schale reife Erdbeeren (Bio) · 1 reife Banane · 2 EL gehackte ungesalzene Pistazien · 1 EL Kokosflocken · Saft von ½ Zitrone · einige Zitronenmelisseblättchen

- Erdbeeren waschen, putzen und vierteln. Mit den Bananenstückchen und den gehackten Pistazien mischen und den Saft und die Kokosflocken darübergeben. Die Zitronenmelissenblättchen auf der Obstmischung verteilen.

▶ **Variante**
Im Sommer verwenden Sie für das basische Müsli Beeren wie Stachelbeeren, Pfirsiche oder Aprikosen, im Herbst Zwetschgen, Mirabellen, Brombeeren, Birnen oder ungespritzte Trauben und Walnüsse, im Winter und Frühling Orangen und Mandarinen mit Bananen.

Müsli mit Apfelbananen und Heidelbeeren

Her mit den süßen Früchtchen im Sommer! (Foto siehe S. 46)

▶ **Für 2 Personen**
Anhaltspunkte: 20 grüne
🕒 5 Min.

1 kleine Schale Heidelbeeren · 2 weiche, reife Pfirsiche · 1 Apfelbanane (wahlweise 1 kleine reife Banane) · 1 EL Erdmandelflocken

- Die Heidelbeeren waschen und abtropfen lassen. Die Pfirsiche waschen, entkernen und klein schneiden. Heidelbeeren und Pfirsichstückchen zu den Apfelbananenstückchen geben. Die Erdmandelflocken darüberstreuen.

Tipp
Apfelbananen sind kleine Bananen, die, wie der Name sagt, geschmacklich eine Mischung aus Banane und Apfel darstellen. Sie müssen unbedingt reif sein, damit ihr Aroma überhaupt zur Geltung kommt. Wenn die Schale erste braunschwarze Stellen aufweist, schmecken sie am besten. Sie sättigen durch ihren hohen Kohlenhydratanteil genauso gut wie herkömmliche Bananen und sind in gut sortierten Supermärkten, Gemüsegeschäften, Bioläden und auf Wochenmärkten zu finden.

▶ Basenmüsli mit Erdbeeren und Pistazien

LECKERE MÜSLIS, DIE SATT MACHEN

FRÜHSTÜCKSVARIATIONEN

Basenmüsli mit Brombeeren und Birne
Freche Früchtchen beleben das Müsli im Spätsommer und Herbst.

▶ Für 2 Personen
Anhaltspunkte: *20 grüne*
⏲ 5 Min.
1 kleine Schale reife Brombeeren · 2 reife Birnen · 6 frische Walnüsse · 2 EL Erdmandelflocken · Saft von 1 kleinen Mandarine

– Die Beeren waschen, abtropfen lassen. Die Birnen waschen und, falls sie nicht aus biologischem Anbau sind, schälen. Birnen in Schnitze schneiden. Die Walnüsse aufknacken und in kleine Stücke brechen. Die Erdmandelflocken dazugeben und alle Zutaten mischen. Den Mandarinensaft darüber verteilen.

Winterliches Basenmüsli
Damit es morgens schon nach Weihnachten schmeckt.

▶ Für 2 Personen
Anhaltspunkte: *20 grüne*
⏲ 5 Min.
2 Äpfel · 2 kleine Bananen · 2 TL Mandelmus · 1 EL Erdmandelflocken · 1 EL Sultaninen · Saft von 1 Mandarine · Zimt · Vanille

– Die Äpfel waschen und reiben. Die Banane schälen, in Scheiben schneiden und zu den Äpfeln geben. Mandelmus, Erdmandeln und Sultaninen unter die Äpfel mischen, den Saft dazugeben und mit etwas Zimt und Vanille abschmecken.

Müsli mit Erdbeeren und Gerstenflocken
Wer sagt, dass Müslis immer gleich schmecken müssen?

▶ Für 2 Personen
Anhaltspunkte: *17 grüne,* *3 rote*
⏲ 7 Min.
1 reife Banane · Saft von 1 Mandarine · 1 EL Tannenhonig · Vanille · 1 kleine Schale reife Erdbeeren (Bio) · 4 EL Gerstenflocken

– Die Banane schälen und mit einer Gabel zerdrücken. Mandarinensaft mit dem Honig und der Vanille unter die Banane mischen. Die Erdbeeren waschen, abzupfen, vierteln und zur zerdrückten Banane geben. Die Gerstenflocken untermischen.

▶ Variante
Sie können auch etwas Apfelsaft – einen Direktsaft aus der Flasche – verwenden.

Herbstliches Pflaumenmüsli mit Walnüssen

Mit reifen, weichen Pflaumen eine Köstlichkeit.

▶ **Für 2 Personen**
Anhaltspunkte: 17 grüne, 3 rote
⊙ **7 Min.**

12 reife, weiche Pflaumen · 1 Banane · 5–6 frische Walnüsse · 4 EL Flockenmischung – aus Weizen-, Gersten-, Hafer- und Dinkelflocken · Saft von 1 Mandarine · 1 EL Honig

- Die Pflaumen waschen, entkernen und vierteln. Die Banane in kleine Scheiben schneiden. Die Walnüsse aufknacken, die Nüsse in kleine Stücke brechen. Pflaumen, Bananenscheiben, Walnüsse und Flocken in einer Schüssel vermischen.
- Den Mandarinensaft mit dem Honig vermischen und darüberträufeln.

Amaranthmüsli mit Banane und Apfel

Nicht die Milch, sondern Amaranth liefert hier das wertvolle Eiweiß.

▶ **Für 2 Personen**
Anhaltspunkte: *19 grüne, 1 roter*
⏱ **7 Min.**

2 Bananen · 1 großer Apfel · 2 EL gehackte Macadamianüsse · 2 EL Erdmandelflocken · 4 EL Amaranth-Müsli-Mischung (ohne Schokolade) · Saft von 1 Mandarine

- Die Bananen schälen und in Scheiben schneiden. Den Apfel waschen, mit dem Apfelteiler in Stücke teilen und diese in dünne Scheiben schneiden. Erdmandelflocken, Macadamias und die Amaranthmischung dazugeben und mit dem Saft beträufeln.

LECKERE MÜSLIS, DIE SATT MACHEN

Haferflockenmüsli mit Zitrone

Mein erstes Lieblingsgericht, das ich als Kind für mich und meine Puppen »gekocht« habe.

▶ **Für 2 Personen**
Anhaltspunkte: *19 grüne, 1 roter*
⏱ **7 Min.**

2 reife Bananen · 4 EL grobe Haferflocken · Saft von 1 kleinen Zitrone oder ½ großen Zitrone

— Die Bananen schälen und mit einer Gabel zerdrücken. Die Zitrone auspressen und den Saft mit den Haferflocken unter die Bananen mischen.

Müslimix mit Joghurt und Banane

Schnell und immer ein Hit – auch für die Pause.

▶ **Für 2 Personen**
Anhaltspunkte: *17 grüne, 3 rote*
⏱ **4 Min.**

2 reife Bananen · 1 Becher Naturjoghurt · 1 TL Agavensirup · 4–6 EL Flockenmischung mit Nüssen und Trockenfrüchten (gibt es in unzähligen Varianten zu kaufen – eine Sorte ohne Zucker auswählen)

— Die Bananen schälen, mit einer Gabel zerdrücken und mit dem Joghurt und dem Agavensirup vermischen. Die Flockenmischung unterheben.

Joghurt mit Buchweizen und Aprikosen

Für Morgenmuffel – gelingt auch im Halbschlaf.

▶ **Für 2 Personen**
Anhaltspunkte: *15 grüne, 5 rote*
⏱ **4 Min.**

8 ungeschwefelte getrocknete Aprikosen · 2 Becher Naturjoghurt · 1 EL Agavensirup · 4 EL Buchweizenflocken · 2 EL gehackte Mandeln

— Die Aprikosen in kleine Stückchen schneiden. Joghurt und Buchweizenflocken vermischen und die Aprikosen dazugeben. Die Joghurt-Obst-Mischung auf zwei Schalen verteilen und die Mandeln darüberstreuen.

FRÜHSTÜCKSVARIATIONEN

Salate und Rohkost

Ein frischer knackiger Salat gehört auf jeden Mittagstisch. An Hundstagen im Sommer ist das schon ein ausreichendes Mittagessen, sonst vielleicht nur eine große Vorspeise. Auch Säurebildner wie Käse, Schinken, Fleisch, Reis, Hirse oder Ei können den Salat bereichern. Aber frisch sollten die Zutaten sein und immer jede Menge Kräuter oder Keimlinge gehören dazu.

Pflanzenöle – kalt gepresst

Einen Salat zum Mittagessen oder als kleine Vorspeise verfeinern Sie mit einem schönen Dressing (Rezepte ab S. 62). Immer dabei: ein kalt gepresstes Öl. Öle wirken neutral und bereichern die basische Küche, denn sie wirken als Geschmacksträger und verfeinern jedes Gericht. Achten Sie beim Kauf darauf, stets solche von hervorragender Qualität zu verwenden. Nutzen Sie die Ölvielfalt auf dem Markt und trauen Sie sich, auch nicht so bekannte Ölsorten zu probieren: z. B. geröstetes Sesamöl über den Salat, oder wie wäre es mit Hanföl, mit Arganöl, Haselnussöl, Leinöl oder mit Avocadoöl?

Rohkost mit Dip – auch gut fürs Büro

Rohkost ist ein super gesunder Snack für zwischendurch, kann aber auch anstelle eines Salates in der Mittagspause gegessen werden. Die Gemüse können Sie zu Hause in Stifte schneiden und in einer Frischhaltebox mit zur Arbeit nehmen. Sie können sich diese Rohkost sehr abwechslungsreich gestalten: Anstelle der genannten Gemüse können Sie auch Gurken, Sellerie, Betakarotten, Navets-Rübchen oder Paprika nehmen. Tipp: Wenn es ganz schnell gehen muss, können Sie einen fertigen Kräuterquark, eine Frischkäsecreme, einen Ziegenfrischkäse oder eine Meerrettichcreme aus dem Reformhaus nehmen. Schauen Sie sich um, es gibt eine Menge alternativer, gesunder Dips. Achten Sie auf Bioqualität ohne Geschmacksverstärker.

Frische Keimlinge: Vitaminfabrik auf der Fensterbank

Sprossen und Keimlinge sind die vitalstoffreichsten Lebensmittel überhaupt. Besonders im Winter, wenn wir auf lagerfähige Wintergemüse und Obst aus fernen Ländern zurückgreifen, steht es um die Vitalstoffversorgung nicht immer zum Besten. Gründen Sie Ihre eigene Vitaminfabrik auf der Fensterbank und Sie müssen sich um Ihre Vitalstoffversorgung keine Gedanken mehr machen. Und: Billiger geht es nicht.

Täglich frische Keimlinge über den Salat

Denken Sie, es ist dasselbe, ob Sie Sonnenblumenkerne oder Sonnenblumenkeimlinge verzehren? Falsch gedacht. Der Sonnenblumenkern ist wie alle Samen die ruhende Form einer Pflanze. Enzyme und Vitamine müssen erst noch aufgebaut und aktiviert werden. Wenn Sie den Kern in die Erde setzen oder in einem Keimglas zum Keimen bringen, wird der Wachstumsprozess der Pflanze angeregt. Und im frühen Stadium, wenn die ersten Sprossen aus dem Samen wachsen, stellt der Keimling eine geballte Vitalstoffladung dar. Wenn später die Pflanze wächst und sich ausdifferenziert in Stiel, Blättern und Blüten, konzentrieren sich jeweils bestimmte Nährstoffe in den Pflanzenteilen – so enthalten die Blüten der Zucchini besonders viele hormonähnlich wirkende Flavone (gelbe Farbstoffe), die lila Feigenfrüchte besonders viele gefäßschützende Blaufarbstoffe (OPC). Im Keimling aber ist die ganze Kraft der Pflanze. Keimlinge sind so etwas wie natürliche Vitamintabletten.

Sie können Keimlinge auch fertig kaufen. Inzwischen gibt es in vielen Naturkostläden, auf Wochenmärkten und auch in vielen Supermärkten verschiedene Keimlinge im Angebot. So erkennen Sie, ob gekaufte Keimlinge frisch sind: Achten Sie auf das Haltbarkeitsdatum und schauen Sie genau, ob die Keimlinge eine frische Farbe haben und ob sie noch frisch riechen. Riechen sie leicht abgestanden oder gar faulig, dann schnell die Finger weg davon.

▶ Portulaksalat mit Urkarotten und Keimlingen von Champagnerlinsen

SALATE UND ROHKOST

Sprossenzucht ist ganz einfach

Um Keimlinge selbst zu ziehen, benötigen Sie eigentlich nur ein Sprossenglas, Wasser und Samen. Nehmen Sie ein Sprossenglas und weichen Sie 3 bis 4 Esslöffel Samen einige Stunden in Wasser ein. Lassen Sie das Wasser abfließen und spülen Sie die Samen noch einmal durch. Schrauben Sie das Glas zu und stellen Sie es auf den Kopf, sodass alles Restwasser abfließen kann. Sie können das Glas in die Geschirrablage der Spüle stellen, es gibt aber auch schicke Abtropfvorrichtungen (www.eschenfelder.de), die am Fenster sehr dekorativ aussehen.

Nun werden die Samen täglich einmal durchgespült. Im Sommer werden die Samen zweimal täglich gespült. Wichtig ist, dass das Glas mit den Keimlingen nach dem Spülen immer etwas abgeschrägt auf dem Kopf steht, damit alles Wasser wieder abfließen kann. Bereits nach ein bis zwei Tagen sind die ersten Minisprossen zu erkennen. Nach drei Tagen sind die meisten Samen gekeimt und verzehrfertig. Nach weiteren zwei Tagen sind die Keime etwa 2 bis 3 cm lang und fertig. Sie können das Glas, nachdem alles Wasser gut abgetropft ist, nun in den Kühlschrank stellen. Die Keimlinge sind dort ca. eine Woche haltbar.

Was kann denn nun alles gekeimt werden?

Eigentlich jeder Samen, der eine essbare Pflanze hervorbringt. Sie brauchen nicht besonderes Keimsaatgut zu kaufen, denn jedes Körnchen, jeder Samen, den Sie im Bioladen kaufen können, muss keimfähig sein. Als Anfänger nehmen Sie erst einmal die großen, leicht zu keimenden Samen: Sonnenblumenkerne, Linsen, Kichererbsen, für deren Aufzucht ein Sprossenglas ausreicht. Für kleine Samen und schleimende Samen benötigt man kein Sprossenglas, sie werden auf Watte oder in speziellen flachen Schalen mit einem feinen Metallsieb gezogen.

Zum Keimen geeignet sind folgende Sorten

Samen für Anfänger (Sprossenglas)	Mittelschwer in der Aufzucht	Für Fortgeschrittene (schleimende Sorten)
Alfalfa (Luzerne)	Bockshornklee	Amaranth
Braunhirse (viel Silizium)	Brokkoli (wirkt besonders entgiftend durch bioaktive Stoffe und Vitamin C)	Fenchelsamen
Buchweizen	Kresse (enthält besonders viel Vitamin C)	Leinsamen (enthalten viel ungesättigte Fettsäuren)
Dinkel	Radieschen	Rothklee
Erbsen (Erbsenspargel)	Rettich (wirkt entgiftend und entschleimend)	Zwiebelsamen
Gerste	Rosabi (Kohlrabiart)	
Kichererbsen (B_{12})	Rucola (viel Kalzium)	
Koriandersamen	Sesam, ungeschält (enthält besonders viel Kalzium)	
Linsen (B_{12})	Senf (wirkt entgiftend)	
Mungobohnen		
Sojabohnen		
Sonnenblumenkerne		
Weizen (viel Vitamin B, Proteine)		

DRESSING

Zitroniges Dressing – Grundrezept
In jeder Variante lecker.

▶ Für 2 Personen
Anhaltspunkte: 20 grüne
⊙ 5 Min.
4 EL Olivenöl · Saft von ½ Zitrone · 1 EL Sesamsalz · frisch gemahlener schwarzer Pfeffer · Schnittlauch oder Glattpetersilie

- Die Kräuter waschen, abtropfen lassen und mit dem Wiegemesser sehr fein hacken. Die übrigen Zutaten zusammengeben und mit einem Milchaufschäumer gut vermischen. Die Kräuter untermischen.

Tipp
Dieses Grunddressing können Sie geschmacklich variieren, indem Sie andere Öle verwenden. Ganz lecker sind geröstete Öle aus Mandeln, Haselnüssen, Sesam, Kürbiskernen und Argan. Anstelle der Zitrone ist in manchen Salaten – mit Chicorée, Rotkohl oder Fenchel – auch Orangen-, Mandarinen- oder Apfelsaft lecker.

Frühlingsdressing mit Wildkräutern
Herrlich würzig.

▶ Für 2 Personen
Anhaltspunkte: 19 grüne, 1 roter
⊙ 5 Min.
1 Handvoll Wildkräuter · 4 EL Avocadoöl · knapp 1 EL guter Aceto balsamico

- Die Kräuter waschen, abtropfen lassen und mit dem Wiegemesser sehr fein hacken. Die übrigen Zutaten zusammengeben und mit einem Milchaufschäumer gut vermischen. Die Wildkräuter untermischen.

Granatapfel-Dressing
Exotisch und extravagant.

▶ Für 2 Personen
Anhaltspunkte: 19 grüne, 1 roter
⊙ 5 Min.
1 Handvoll Glattpetersilie · 4 EL Walnussöl · knapp 1 EL Granatapfelbalsamico (von Byodo im Naturkostladen)

- Die Glattpetersilie waschen, abtropfen lassen und mit dem Wiegemesser sehr fein hacken. Die übrigen Zutaten zusammengeben und mit einem Milchaufschäumer gut vermischen. Die Glattpetersilie untermischen.

Himbeerbalsamico-Dressing
Fruchtig-frisch!

▶ Für 2 Personen
Anhaltspunkte: 19 grüne, 1 roter
⊙ 5 Min.
1 Handvoll Basilikum · 4 EL Sonnenblumenöl oder Arganöl · knapp 1 EL Himbeerbalsamico (von Byodo im Naturkostladen)

- Das Basilikum waschen, abtropfen lassen und mit dem Wiegemesser sehr fein hacken. Die übrigen Zutaten zusammengeben und mit einem Milchaufschäumer gut vermischen. Das Basilikum untermischen.

Apfelbalsamico-Dressing
Für alle Balsamicofans.

▶ Für 2 Personen
Anhaltspunkte: 19 grüne, 1 roter
⊙ 5 Min.
1 Handvoll Kresse · 4 EL Olivenöl · knapp 1 EL Apfelbalsamico (von Byodo, Naturkostladen) oder guter Aceto balsamico

- Die Kresse waschen, abtropfen lassen und mit dem Wiegemesser sehr fein hacken. Die übrigen Zutaten zusammengeben und mit einem Milchaufschäumer gut vermischen. Die Kresse untermischen.

Romanasalat mit Radicchio, Sonnenblumenkeimlingen und Karottenraspeln

Ein herb-frischer Salat voller Vitalstoffe.

▶ Für 2 Personen
Anhaltspunkte: **19 grüne, 1 roter**
⏲ 5 Min.
1 kleiner Romanasalat · 1 kleine Zwiebel · 1 Karotte · 3 EL Sonnenblumenkeimlinge · Zutaten für das Granatapfel-Dressing (S. 57)

- Den Romanasalat klein zupfen und waschen. Das Dressing zubereiten. Die Zwiebel abziehen, fein würfeln und unter das Dressing mischen. Die Karotte mit der Gemüsebürste säubern, raspeln und untermischen. Den Salat mit Sonnenblumenkeimlingen garniert servieren.

Tipp
Sie können die Sprossen selber ziehen oder Sie kaufen eine fertige Sprossenmischung vom Wochenmarkt oder im Bioladen. Wenn es gar nicht geklappt hat, können Sie die Sonnenblumenkerne auch ungekeimt verwenden.

◀ Romanasalat mit Radicchio, Sonnenblumenkeimlingen und Karottenraspeln

Brunnenkressesalat mit Wildkräutern, Rettichsprossen und Kohlrabiraspeln

Wild und gehaltvoll.

▶ Für 2 Personen
Anhaltspunkte: **19 grüne, 1 roter**
⏲ 5 Min.
2 Handvoll Brunnenkresse (vom Wochenmarkt) · 1 Handvoll Wildkräuter (gibt es auf Wochenmärkten, Sie können aber auch selbst sammeln gehen: Löwenzahn und Sauerampfer) · 1 kleine Zwiebel · 1 Kohlrabi · 3 EL Rettichsprossen (oder andere vom Wochenmarkt oder Bioladen) · Zutaten für das Apfelbalsamico-Dressing (S. 57)

- Die Brunnenkresse und die Wildkräuter waschen und abtropfen lassen. Die Zwiebel abziehen, fein würfeln und mit dem Dressing vermischen.
- Den Kohlrabi waschen, schälen, raspeln und untermischen. Die Salatmischung mit den Rettichsprossen garniert servieren.

▶ Variante
Im Frühling finden Sie auch hin und wieder Eistropfensalat auf dem Wochenmarkt. Er ist sehr mineralienreich, vor allem reich an Eisen, und er schmeckt herb-würzig.

Portulaksalat mit Urkarotten und Keimlingen von Champagnerlinsen

Superlecker! (Foto siehe S. 55)

▶ Für 2 Personen
Anhaltspunkte: **19 grüne, 1 roter**
⏲ 12 Min.
3 mittelgroße Urkarotten – wahlweise normale Karotten · 2 Handvoll Portulak (auch Postelein genannt, gibt es als Sommer- und als Winterportulak) · 1 kleine Zwiebel · 2 EL Champagnerlinsenkeimlinge (fertig gekauft oder zwei Tage vorher ansetzen, siehe Seite 56) · Zutaten für das Frühlingsdressing mit Wildkräutern (S. 57)

- Die Urkarotten waschen, mit der Gemüsebürste abreiben und auf dem Gemüsehobel raspeln. Den Portulak waschen und abtropfen lassen.
- Das Dressing zubereiten. Die Zwiebel fein würfeln und unter das Dressing mischen. Die Karottenraspeln mit dem Dressing vermischen, den Portulak unterheben und die Linsenkeimlinge über den Salat verteilen.

Tipp
Wenn es heute nicht so basisch sein soll, können Sie diesem Salat auch pro Person 50 g Schafskäsestückchen untermischen. Ergibt pro Person 5 rote Punkte.

SALATE

SALATE UND ROHKOST

Eisbergsalat mit Gartenkräutern, Rucolasprossen und Radieschen

Knackig frisch im Sommer.

▶ Für 2 Personen
Anhaltspunkte: *19 grüne, 1 roter*
⊙ 5 Min.
1 kleiner Eisbergsalat · 1 Handvoll frische Gartenkräuter (oder Balkonkräuter) wie Bibernell, Basilikum und Glattpetersilie · 1 kleine Zwiebel · 2 Handvoll Radieschen · 3 EL Rucolasprossen · Zutaten für das Frühlingsdressing mit Wildkräutern (S. 57)

- Den Eisbergsalat klein zupfen und waschen. Das Dressing zubereiten. Die Zwiebel fein würfeln und unter das Dressing mischen.
- Die Radieschen waschen, das Grün und die Wurzel abschneiden, die Radieschen in kleine Scheiben schneiden und unter den Salat mischen. Das Dressing unterheben und den Salat mit Rucolasprossen garniert servieren.

Endiviensalat mit Urkarotten und Kichererbsenkeimlingen

Ein köstlicher Wintersalat als Beilage.

▶ Für 2 Personen
Anhaltspunkte: *19 grüne, 1 roter*
⊙ 5 Min.
1 kleiner Kopf Endiviensalat · 1 kleine Zwiebel · 1 mittelgroße Urkarotte (Betakarotte) · 1 Handvoll Kichererbsenkeimlinge · Zutaten für das Granatapfel-Dressing (S. 57)

- Den Endiviensalat waschen, abtropfen lassen und in dünne Streifen schneiden. Das Dresssing zubereiten, die Zwiebel fein würfeln und mit dem Dressing vermischen.
- Die Urkarotte mit der Gemüsebürste säubern, raspeln und zusammen mit dem Dressing untermischen. Den Salat mit Kichererbsenkeimlingen garniert servieren.

Rettichsalat mit Karottenraspeln

Fürs ganze Jahr als Beilage zum grünen Salat.

▶ Für 2 Personen
Anhaltspunkte: *20 grüne*
⊙ 15 Min.
1 mittelgroßer Rettich · 1 kleine Karotte · 1 kleine Zwiebel · 2 EL Sesamöl · Saft von ½ Mandarine · frisch gemahlener weißer Pfeffer · 2 TL Sesamsalz · 1 Schälchen Kresse

- Den Rettich schälen und klein raspeln. Die Karotte mit der Gemüsebürste säubern, fein raspeln und mit dem Rettich mischen.
- Aus Öl, Mandarinensaft und den Gewürzen ein Dressing zubereiten. Die Zwiebel abziehen, hacken und dazugeben. Das Dressing unter den Salat mischen. Die Kresse unter fließendem Wasser waschen, mit einer Schere abschneiden und über den Salat streuen.

Tipp
Im Herbst und Winter verwenden Sie hier schwarzen Rettich. Schwarzer Rettich ist Ihnen vielleicht als Hausmittel gegen Bronchitis bekannt, weil er sehr stark entschleimend wirkt. Er hat enorme Basenwirkung und wirkt so im Winter doppelt positiv: gegen Verschleimung und gegen Übersäuerung.

Salat aus Navettenspaghetti

Herbstliches mit Biss.

▶ **Für 2 Personen**
Anhaltspunkte: 19 grüne, 1 roter
⊙ **15 Min.**
3 kleine Navets-Rübchen · 6 Cocktailtomaten · Zutaten für das Himbeerbalsamico-Dressing (S. 57) · 1 Schälchen Kresse

- Navets waschen, schälen und zu Spaghetti verarbeiten. Die Tomaten waschen und halbieren. Dressing herstellen und mit den Tomaten unter die Spaghetti mischen.
- Die Kresse unter fließendem Wasser waschen, mit einer Schere abschneiden und über den Salat streuen.

SALATE

Romanasalat mit Oliven und Schafskäse

Bunt und lecker wie der Sommer.

▶ **Für 2 Personen**
Anhaltspunkte: 17 grüne, 3 rote
⊙ 10 Min.
1 mittelgroßer Romanasalat ·
1 Handvoll Kirschtomaten (im Winter alternativ 1 Karotte) · 1 Handvoll schwarze, ungefärbte Oliven ·
2 EL Olivenöl · Aceto Balsamico ·
frisch gemahlener schwarzer Pfeffer ·
Kräutersalz · 200 g reiner Schafskäse (ohne Kuhmilchanteil) · 1 Handvoll Kichererbsensprossen (oder andere fertige Sprossen)

– Den Romanasalat waschen, den Strunk entfernen und die Blätter etwas zerkleinern. Die Kirschtomaten waschen, halbieren und mit den Oliven unter die Romanablätter mischen.
– Aus dem Olivenöl, dem Aceto Balsamico, dem Pfeffer und dem Kräutersalz ein Dressing zubereiten. Den Schafskäse in kleine Würfel schneiden und unter den Salat mischen. Das Dressing unter den Salat mischen und die Kichererbsensprossen darüber verteilen.

Chicoréesalat mit Ziegenfrischkäse und Rosinen

Zum Reinlegen lecker!

▶ **Für 2 Personen**
Anhaltspunkte: 17 grüne, 3 rote
⊙ 10 Min.
1 kleine Karotte · 1 mittelgroßer Chicorée · 2 EL Haselnussöl · Saft von 1 kleinen Mandarine · 1 EL Sesamsalz · frisch gemahlener schwarzer Pfeffer · 1 EL gehackte Mandeln ·
1 EL Rosinen · 100 g Ziegenfrischkäse

– Die Karotte mit der Gemüsebürste unter fließendem Wasser säubern und raspeln. Chicoréeblätter ablösen, waschen und klein zupfen.
– Aus dem Öl, dem Mandarinensaft, Sesamsalz und den Mandeln ein Dressing zubereiten. Das Dressing mit den Karottenraspeln und dem Chicorée mischen. Die Rosinen darübergeben. Den Ziegenfrischkäse mit den Händen zerbröckeln und locker über den Salat verteilen.

Feldsalat mit sautierten Egerlingen und warmem Ziegenkäse

Verwöhnen Sie Ihre Gäste mit basenreichen Aromen.

▶ **Für 2 Personen**
Anhaltspunkte: 17 grüne, 3 rote
⊙ 15 Min.
150 g Feldsalat · 6 – 7 Egerlinge ·
1 kleine Zwiebel · 2 EL Sonnenblumenöl · 2 Scheiben Rohmilchziegencamembert · ½ Schälchen Kresse ·
Zutaten für das Himbeerbalsamico-Dressing (S. 57)

– Den Feldsalat waschen, die Egerlinge mit Küchenkrepp abreiben und in dünne Scheiben schneiden. Die Zwiebel abziehen, klein schneiden und mit den Egerlingen im Öl andünsten.
– Den Käse bei 180 Grad im Backofen etwa 10 Min. erwärmen. Salat mit dem Dressing mischen, Pilze und Kresse darüber verteilen und die Ziegenkäsescheiben darüberlegen.

Sabines Panzarella

Toskanischer Restesalat – hmm!

▶ Für 2 Personen
Anhaltspunkte: *17 grüne, 3 rote*
⏱ 15 Min. + 3 – 4 Stunden Ziehzeit
2 – 3 Scheiben altes Brot (am besten Vollkorn, 2 – 3 Tage alt) · 20 – 25 reife Cocktailtomaten · 1 rote Zwiebel · ein Stück Gurke · 2 Handvoll schwarze, ungefärbte Oliven · 2 Handvoll frischer Basilikum · 6 EL Olivenöl · 1 EL Aceto balsamico · frisch gemahlener schwarzer Pfeffer · Meersalz

- Das Brot in 2 cm große Würfel schneiden. Die Tomaten waschen und halbieren. Die Gurke waschen, würfeln und mit den Oliven und den Tomaten zum Brot geben. Basilkum waschen, abtropfen lassen, klein zupfen und dazugeben.
- Aus Olivenöl, Essig, Pfeffer und Salz ein Dressing zubereiten und mit einem Löffel über dem Brotsalat verteilen. Durchmischen und den Salat 3 bis 4 Stunden durchziehen lassen.
- Wenn Sie zu viel Brot genommen haben und der Salat zu unsaftig ist, geben Sie noch etwas Olivenöl und Essig dazu. Mit Pfeffer und Salz abschmecken und genießen.

▶ Variante
Statt der Gurke geht auch Zucchini. Auch Paprika und Kapern machen sich gut in diesem Salat.

Caprese

Süditalien! Sommer!

▶ Für 2 Personen
Anhaltspunkte: *17 grüne, 3 rote*
⏱ 7 Min.
10 sehr reife Eiertomaten · 2 Büffelmozzarella · 2 EL Olivenöl · Aceto balsamico · 1 Prise Meersalz · 1 Prise weißer Pfeffer · 1 Handvoll Basilikum

- Die Tomaten waschen, in Scheiben schneiden und den Stielansatz entfernen. Die Tomatenscheiben auf zwei Tellern ausbreiten. Büffelmozzarella abtropfen lassen, in gleichmäßige Scheiben schneiden und auf jede Tomatenscheibe eine Scheibe Mozzarella legen.
- Aus dem Olivenöl, dem Aceto, dem Salz und dem Pfeffer ein Dressing zubereiten und mit einem Löffel auf den mit Mozzarella belegten Tomaten verteilen. Die Basilikumblätter waschen, abtropfen lassen und auf die Mozzarellascheiben legen.

Fenchelsalat mit Hirse und Mandarinen

Eine ganz köstliche Aromenmischung.

▶ Für 2 Personen
Anhaltspunkte: *18 grüne, 2 rote*
⏱ 30 Min.
½ Tasse Hirse · Kräutersalz · 2 mittelgroße Fenchelknollen · 3 Mandarinen · 2 EL gehackte Mandeln · 4 EL Sesamöl (am besten geröstetes) · 2 TL Mandelmus · frisch gemahlener schwarzer Pfeffer

- Die Hirse waschen und in 2 Tassen Wasser etwa 15 Min. kochen. Anschließend 15 Min. ausquellen lassen. Mit Kräutersalz würzen.
- Den Fenchel waschen und in Streifen schneiden. 2 Mandarinen filetieren, sodass keine weiße Haut mehr an den Filets zurückbleibt. Mandarinenfilets zum Fenchel geben.
- Die dritte Mandarine auspressen und mit Sesamöl und Mandelmus zu einem Dressing rühren. Dressing, Hirse und Fenchelgrün locker über den Salat geben.

Salat aus Brunnenkresse, Tomaten und Büffelmozzarella
Noch besser als nur Caprese.

▶ Für 2 Personen
Anhaltspunkte: 17 grüne, 3 rote
⏱ 5 Min.

200 g Brunnenkresse · 1 kleine rote Zwiebel · 6–8 reife Cocktailtomaten · 200 g Büffelmozzarella · Zutaten für das Apfelbalsamico-Dressing (S. 57)

- Die Brunnenkresse waschen und gut abtropfen lassen. Die Zwiebel abziehen und klein hacken. Die Tomaten waschen und halbieren.
- Büffelmozzarella abtropfen lassen und in kleine Würfel schneiden. Das Dressing zubereiten und mit den Tomaten, der Zwiebel, dem Mozzarella vermischen.

Rucolasalat mit rotem Chicorée, Schafskäse und Avocado

Mit Granatapfelkernen für einen Hauch Exotik.

▶ **Für 2 Personen**
Anhaltspunkte: 17 grüne, 3 rote
⏱ 7 Min.
2 Handvoll Rucolasalat · 1 roter Chicorée · 1 kleine Avocado · 200 g reiner Schafskäse · 1 Handvoll Granatapfelkerne · Zutaten für das Granatapfel-Dressing (S. 57) · 1 Schälchen Kresse

- Rucola waschen und abtropfen lassen, Chicoréeblätter abzupfen, waschen und halbieren, einige Blätter als Deko beiseitelegen. Den Schafskäse in kleine Würfel schneiden.
- Die Avocado schälen und das Avocadofleisch in Scheiben schneiden. Das Dressing zubereiten und unter den Salat mischen. Die Kresse abbrausen, mit einer Schere abschneiden und mit den Granatapfelkernen locker über den Salat verteilen.

Bataviasalat mit rotem Chicorée, Kohlrabi und Schafskäse

Frisches Mittagessen an Hundstagen.

▶ **Für 2 Personen**
Anhaltspunkte: 18 grüne, 2 rote
⏱ 5 Min.
1 kleiner Bataviasalat · 1 kleiner roter Chicorée (wahlweise weißer) · 1 mittelgroßer Kohlrabi · 3 EL Olivenöl · Saft von ½ Zitrone · 1 EL Sesamsalz (Gomasio) · 1 Prise weißer Pfeffer · 150 g echter Schafskäse (ohne Kuhmilchanteile) · 3 EL Rote-Bete-Sprossen (wahlweise Kresse)

- Den Bataviasalat waschen, abtropfen lassen und in eine Salatschüssel geben. Den Strunk des Chicorée entfernen, die Blätter abwaschen und abtropfen lassen. Den Kohlrabi waschen, schälen und klein raspeln.
- Aus dem Olivenöl, dem Saft der halben Zitrone, dem Sesamsalz und dem weißen Pfeffer ein Salatdressing herstellen – am besten mit einem Milchaufschäumer.
- Die Bataviablätter und die Chicoréeblätter zusammen mit den Kohlrabiraspeln in eine Schüssel geben und mit dem Dressing vermischen. Den Schafskäse in kleine Würfel schneiden und unter den Salat mischen. Die Rote-Bete-Sprossen über dem Salat verteilen.

Rohkost mit Kräuterquark

Herzhaftes für Eilige.

▶ **Für 2 Personen**
Anhaltspunkte: 18 grüne, 2 rote
⏱ 10 Min.
2 EL frische Kräuter (beispielsweise Glattpetersilie, Schnittlauch, Bibernell, Dill, Borretsch) · 150 g Sahnequark (kein fettarmer!) · Salz · frisch gemahlener weißer Pfeffer · 1 EL Sesamsalz · 1 Karotte · 1 Kohlrabi · 1 Stange Staudensellerie

- Die Kräuter waschen, abtropfen lassen, mit dem Wiegemesser klein schneiden und unter den Quark mischen. Die Gewürze dazugeben und gut verrühren.
- Die Karotte unter fließendem Wasser mit der Gemüsebürste abbürsten und in 1–1,5 cm dicke, fingerlange Streifen schneiden. Die Kohlrabi waschen, schälen und in 1–1,5 cm dicke, fingerlange Streifen schneiden. Die Selleriestange waschen, die holzigen Anteile abschneiden und die Selleriestange in 1–1,5 cm dicke, fingerlange Streifen schneiden und losdippen!

◀ Kartoffelsalat mit sautierten Pfifferlingen

SALATE

Kartoffelsalat mit sautierten Pfifferlingen
Herbstlich köstlich!

▶ **Für 2 Personen**
Anhaltspunkte: 20 grüne
⏱ **45 Min.**
8 mittelgroße vorwiegend festkochende Kartoffeln · 1 kleine Gemüsezwiebel · 2 EL Sonnenblumenöl · Saft von ½ Zitrone · 2 EL Kräutersalz · Muskat · frisch gemahlener weißer Pfeffer · ¼ l Gemüsebrühe · 1 Handvoll reife Kirschtomaten · 1 Handvoll Basilikum · 1 Handvoll frische Pfifferlinge · 3 Stängel Glattpetersilie · 2 EL Olivenöl

- Die Kartoffeln mit der Schale im Gemüsedämpfer garen, pellen und in Scheiben schneiden. Die Zwiebel abziehen und sehr fein hacken. Aus dem Öl, dem Zitronensaft und den Gewürzen ein Dressing bereiten.
- Eine Kartoffel mit der Gabel zerdrücken und die Gemüsebrühe unterrühren. Dann mit dem Dressing und den Zwiebeln vermischen. Die Tomaten waschen, halbieren und mit dem gewaschenen Basilikum zum Salat geben.
- Die Pfifferlinge mit Küchenkrepp säubern und klein schneiden. Die Petersilie waschen und klein schneiden. Die Pfifferlinge im vorsichtig erhitzten Olivenöl andünsten und mit Kräutersalz würzen. Petersilie dazugeben und über dem Kartoffelsalat verteilen.

Paprikasalat mit Schafskäse
Sommersalat mit Bikinifigur-Garantie.

▶ **Für 2 Personen**
Anhaltspunkte: 17 grüne, 3 rote
⏱ **10 Min.**
je 1 grüne, rote, gelbe Paprika · einige Stängel Glattpetersilie · 1 rote Zwiebel · 10 – 12 schwarze ungefärbte Oliven · Zutaten für das Granatapfel-Dressing (S. 57) · 200 g reiner Schafskäse (ohne Kuhmilchanteil)

- Die Paprika waschen und in kleine dünne Scheiben schneiden. Die Petersilie waschen, klein schneiden und unter die Paprikastreifen mischen.
- Die Zwiebel klein hacken und mit den Oliven unter die Paprikastreifen mischen. Das Dressing zubereiten und untermischen. Den Schafskäse mit den Händen zerbröckeln und locker über dem Salat verteilen.

Feldsalat mit Walnüssen, Granatapfel und Ziegenfrischkäse
Verführerisch gut!

▶ **Für 2 Personen**
Anhaltspunkte: 18 grüne, 2 rote
⏱ **7 Min.**
150 g Feldsalat · 1 Handvoll frische Walnüsse · Zutaten für das Granatapfel-Dressing (S. 57) · 1 Handvoll Granatapfelkerne · 100 g Ziegenfrischkäse · ½ Schale Kresse

- Den Feldsalat gründlich waschen, putzen und abtropfen lassen. Die Walnüsse aufknacken und die Nüsse in Stücke brechen. Das Dressing zubereiten.
- Den Feldsalat mit dem Dressing mischen, die Walnüsse dazugeben. Den Ziegenfrischkäse in der Hand zerbröckeln und mit den Granatapfelkernen locker über den Salat verteilen. Die Kresse abrausen und mit der Schere abschneiden. Den Salat mit der Kresse dekorieren.

SALATE UND ROHKOST

SALATE

SALATE UND ROHKOST

Kopfsalat mit Roter Bete und Kresse
Winterpower mit einem Hauch Exotik.

▶ Für 2 Personen
Anhaltspunkte: 19 grüne, 1 roter
⏱ 10 Min.
1 kleiner Kopfsalat · 1 kleine Rote Bete · 1 Handvoll Granatapfelkerne · Zutaten für das Granatapfel-Dressing (S. 57) · 1 Schälchen Kresse

- Die Blätter des Salats waschen und in mundgerechte Stücke zupfen. Die Rote Bete waschen, schälen und über den Salat raspeln (am besten mit Handschuhen, da Rote Bete sehr stark färbt).
- Das Granatapfel-Dressing zubereiten und mit den Granatapfelkernen über den Salat geben. Die Kresse abrausen und mit der Schere abschneiden. Den Salat mit der Kresse dekorieren.

▶ **Variante**
Dieser Salat schmeckt auch gut mit dem Apfelbalsamico-Dressing (S. 57).

Frühlingssalat mit pochiertem Ei
Dazu einfach eine Scheibe Vollkornbrot mit Butter.

▶ Für 2 Personen
Anhaltspunkte: 18 grüne, 2 rote
⏱ 12 Min.
150 g Pflücksalat · 3 Radieschen · 1 Schale Kresse · 2 Eier · Zutaten für das Apfelbalsamico-Dressing (S. 57)

- 1 l Wasser zum Kochen bringen. Den Salat waschen, die Radieschen klein schneiden. Das Dressing zubereiten und untermischen. Die Kresse abrausen und mit der Schere abschneiden. Den Salat mit der Kresse dekorieren.
- Die Eier aufschlagen und nacheinander mithilfe einer Schöpfkelle langsam ins kochende Wasser gleiten lassen. Nach etwa 3–5 Min. herausnehmen und auf den Salat setzen.

Romanasalat mit Paprika und Pecorino
Hmmm – lecker für Sommer und Spätsommer.

▶ Für 2 Personen
Anhaltspunkte: 18 grüne, 2 rote
⏱ 10 Min.
1 Kopf Romanasalat (auch Römersalat genannt) · 1 rote Paprika · 1 Frühlingszwiebel · einige Stängel Glattpetersilie · Zutaten für das Apfelbalsamico-Dressing (S. 57) · 100 g mittelalter Pecorino

- Den Salat waschen und die Blätter in mittelgroße Stücke schneiden. Die Paprika waschen, putzen und die Kerne entfernen. Die Paprika in feine Streifen schneiden.
- Die Zwiebel abziehen, hacken und alles mischen. Das Dressing zubereiten und dazugeben. Den Käse in Späne hobeln und über den Salat verteilen.

Rohkost mit Avocadocreme

Auch lecker mit Pellkartoffeln.

▶ **Für 2 Personen**
Anhaltspunkte: 20 grüne
⏱ 10 Min.
1 reife Avocado · 1 TL Sesamsalz · Saft von ¼ Zitrone · 2 TL Braunhirsekeimlinge oder Sonnenblumenkeimlinge · 1 Karotte · 1 Gurke · 1 Kohlrabi

- Die Avocado schälen, entkernen und mit einer Gabel zerdrücken. Das Sesamsalz und die Zitrone untermischen. Die Braunhirsekeimlinge locker darüber verteilen.
- Die Karotte unter fließendem Wasser mit der Gemüsebürste abbürsten und in 1 – 1,5 cm dicke, fingerlange Streifen schneiden. Die Gurke waschen und in 1 – 1,5 cm dicke, fingerlange Streifen schneiden. Die Kohlrabi waschen, schälen und in 1 – 1,5 cm dicke, fingerlange Streifen schneiden. Die Rohkost zusammen mit der Avocadocreme servieren.

▶ **Variante**
Mischen Sie 2 EL Crème fraîche unter die Avocadocreme. Gibt pro Person 1 roten Punkt – das ist zu verkraften …

Carpaccio von Roter Bete

Leckere Vorspeise für ein leichtes, mehrgängiges Menü.

▶ **Für 2 Personen**
Anhaltspunkte: 20 grüne
⏱ 12 Min.
1 große vorgekochte Rote Bete · 2 EL Olivenöl · 2 EL Zitronensaft · 1 EL Sesamsalz · frisch gemahlener schwarzer Pfeffer · ½ Schälchen Kresse

- Die Rote Bete mit einem Gemüse- oder Trüffelhobel in sehr dünne Scheiben hobeln. Die dünnen Scheiben auf einem großen Teller oder auf einer runden Platte fächerförmig auslegen.
- Aus dem Öl, dem Zitronensaft und den Gewürzen eine Marinade herstellen. Die Marinade über die Rote-Bete-Scheiben mit einem Löffel gleichmäßig verteilen und mit der Kresse verzieren.

Rote-Bete-Rohkost mit Crème fraîche

Geht auch mal als Salatersatz durch.

▶ **Für 2 Personen**
Anhaltspunkte: 19 grüne, 1 roter
⏱ 15 Min.
1 mittelgroße Rote Bete · 1 Braeburn- oder Elstar-Apfel (Bio) · 1 EL Sesamsalz · 2 EL Crème fraîche oder Naturjoghurt

- Die Rote Bete waschen, schälen und fein raspeln, den Apfel waschen und samt Schale raspeln. Das Sesamsalz daruntermischen, die Rohkost in zwei Schälchen geben und jede Portion mit 1 EL Crème fraîche versehen.

Gemüsesuppen und Eintöpfe

Gemüsesuppen und -eintöpfe lassen sich prima auf Vorrat herstellen – und bügeln kleine Säuresünden aus. Als Vorspeise kann es eine klare Brühe mit einer Gemüseeinlage sein, als Hauptspeise eine Gemüsecremesuppe – in Herbst und Winter vielleicht eine Rote-Bete-Suppe mit einem Klecks Crème fraîche?

Gemüse richtig putzen und weiterverarbeiten

Für leckere Suppen und Eintöpfe brauchen Sie in erster Linie frisches, reifes Gemüse der Saison, Wasser sowie Kräuter und Gewürze. Das Gemüse richtig vorzubereiten, sodass möglichst wenig Inhaltsstoffe verloren gehen, ist bei manchen Sorten jedoch nicht ohne. Die Übersicht auf Seite 72 erklärt, wie Gemüse richtig geputzt und weiterverarbeitet wird.

Hilfsmittel: Gemüsebürste

Gemüsebürsten werden dazu verwendet, Gemüse unter fließendem Wasser abzubürsten und damit zu säubern – besonders sinnvoll ist das bei Wurzelgemüse wie Karotten, Petersilienwurzeln und Pastinaken. Sie verhindern dadurch, dass Sie die Gemüse schälen müssen und Ihnen wertvolle Stoffe aus der Schale verloren gehen. Auch Kartoffeln können Sie abbürsten. Wenn Sie neue Kartoffeln mit dünner Schale verwenden, die nicht geschält werden müssen, genügt es, die Kartoffeln unter fließendem Wasser abzubürsten.

Die Gemüsebürste ist vor allem dann sinnvoll, wenn Sie Gemüse aus biologischem oder aus biologisch-dynamischem Anbau verwenden, denn dieses kann bedenkenlos mit der Schale verzehrt werden. Gemüse aus konventionellem Anbau sollten Sie schälen, da sich unterhalb der Schale die meisten Rückstände der Pflanzenschutzmittel ablagern. Gemüsebürsten gibt es aus Naturfasern wie Kokos, Sisal oder Hanf.

Hilfsmittel: Gemüseschäler

Auch Gemüseschäler finden sich in jedem Haushalt – häufig unter dem Namen »Spargelschäler«. Es gibt verschiedene Ausführungen von Gemüseschälern, ich mag die ganz einfachen alten aus Metall ohne jeden Schnickschnack. Doch alle erfüllen ihren Zweck. Sie können damit Kartoffeln, Pastinaken, Schwarzwurzeln, Petersilienwurzeln, eben alles schälen, was sich nicht nur mit einer Gemüsebürste bearbeiten lässt. Wenn Sie einen Gemüseschäler kaufen müssen: Es gibt sie in den Haushaltsabteilungen der Kaufhäuser und in vielen Supermärkten. Und sie kosten nicht viel.

▶ Meine allerleckerste Kürbissuppe mit Futsu black.

Meine Kürbissuppe mit Futsu black

Wenn Sie Futsu black irgendwo finden – gleich in den Einkaufskorb damit! (Foto siehe S. 70)

▶ **Für 2 Personen**
Anhaltspunkte: 20 grüne
⏱ 35 Min.

1 kleiner Futsu-black-Kürbis (500 g) · 2 mittelgroße Kartoffeln · 1 kleine Stange Lauch · 1 mittelgroße Zwiebel · 3 cm Ingwer · frisch gemahlener schwarzer Pfeffer · Galgant · Kurkuma · Liebstöckel · 1 EL Sesamsalz · 3 EL geröstetes Kürbiskernöl · 1¾ l Gemüsebrühe (aus 1 Gemüsebrühwürfel) · 8 vorgekochte Maronen)

- Den Kürbis waschen, halbieren, die Kerne entfernen und das Kürbisfleisch würfeln. Kartoffeln waschen, schälen und in Stücke schneiden. Lauch waschen, putzen und in Stücke schneiden. Zwiebel abziehen, klein hacken und im Kürbiskernöl zusammen mit den Gewürzen sehr vorsichtig andünsten.
- Nach wenigen Minuten etwas Gemüsebrühe dazugeben, dann das Gemüse mit der restlichen Gemüsebrühe zum Kochen bringen.
- Die Maronen in grobe Scheiben schneiden. Ingwer schälen, klein schneiden und mit den Maronen zur Suppe geben. Nach 10–15 Min. die Suppe mit dem Zauberstab pürieren und mit den Gewürzen abschmecken. Mit etwas Kürbiskernöl verziert servieren.

Gemüsesuppen und Eintöpfe

Gemüsespaghetti

Gemüsespaghetti sehen lustig aus und es macht Spaß, sie herzustellen. Sie benötigen hierzu eine Gemüsespaghettimaschine (unter dem Namen »Spirali« im Handel). Mit einer solchen Maschine wird das Gemüse mit einer Kurbel so aufgeschnitten, dass sehr lange, dünne, spaghettiartige Fäden entstehen. Durch die feine Schneidweise hat Gemüse ein verfeinertes Aroma, was sowohl in einer klaren Brühe als auch in gedünsteter Form gut zur Geltung kommt. Sie können das Gemüse natürlich auch mit einer feinen Raspel zerkleinern. Auch prima: dreifarbige Spaghetti aus Zucchini, Karotten und Weizenspaghetti. Gemüsespaghetti können Sie ansonsten zu Fischgerichten, Fleischgerichten, mit Reis oder mit Nudeln verzehren.

Das Salz in der Suppe

Gewürze und Gewürzmischungen aus biologischem Anbau, die kein oder wenig Salz enthalten und die frei von Geschmacksverstärkern (Glutamate, Guanylate – oft hinter E 620 bis E 625 versteckt) sind, verleihen Suppen und Eintöpfen das gewisse Etwas. Auch spricht nichts gegen Gewürzmischungen und fertige Gemüsebrühen, die Hefeextrakt als natürlichen Geschmacksverstärker enthalten. Wenn Sie jedoch eine starke Glutamatunverträglichkeit haben, sollten Sie auf Produkte mit Hefeextrakt verzichten. Tauchen Sie ein in die Kräuter- und Gewürzwelt und verwenden Sie einmal Bibernell, Zitronenmelisse, Koriander, Kardamom, Bockshornklee oder Galgant, um nur einige zu nennen.

Gemüse richtig verarbeiten

Sorte	Putzen, Waschen und Co.
Auberginen	Unter fließendem Wasser waschen, den grünen Strunk abschneiden.
Avocado	Avocado halbieren, den Kern herausnehmen und das Fruchtfleisch mit einem Löffel herausschaben. Solange der Kern in der Avocado ist, bleibt das Fruchtfleisch grün – gilt auch für Pasten.
Blattsalat	Die Blätter vom Kopf lösen, harte Strünke kürzen und Salatblätter in stehendem Wasser gründlich waschen, damit Sand vollständig entfernt wird.
Brokkoli	Den Strunk abschneiden, schälen und würfeln. Die einzelnen Röschen abtrennen und waschen.
Blumenkohl	Die äußeren Blätter vom Blumenkohl entfernen, den Blumenkohl waschen und dann in Röschen teilen.
Butternut (und andere Kürbissorten)	Den Kürbis unter fließendem Wasser waschen, den Stiel abschneiden, schälen und die Kerne mit einem Löffel herausschaben.
Chicorée	Den Strunk des Chicorées herausschneiden (da er bitter schmeckt), die Blätter unter fließendem Wasser waschen.
Fenchel	Fenchelknollen waschen, äußere Blätter entfernen, den Strunk herausschneiden, das Fenchelgrün aufheben.
Feldsalat	Eventuell vorhandene schmutzige Wurzelreste entfernen und den Salat (mehrmals) in stehendem Wasser gründlich waschen, weil er oft sehr sandig ist.
Hokkaido, Futsu black	Beide Kürbisse müssen nicht geschält werden, weshalb Sie nur den Stielansatz und den Strunk entfernen. Mit der Gemüsebürste unter fließendem Wasser schrubben, halbieren und mit einem Löffel die Kerne herausschaben.
Kartoffeln, Süßkartoffeln, Steckrüben	Unter fließendem Wasser waschen und schälen. Biokartoffeln müssen nicht unbedingt geschält, sondern nur mit der Gemüsebürste geschrubbt werden.
Karotten, Pastinaken, Petersilienwurzeln	Unter fließendem Wasser mit der Gemüsebürste schrubben.
Lauch	Lauch der Länge nach halbieren und gründlich waschen, da sich zwischen den Blättern viel Erde befinden kann. Dann die äußeren Blätter und den Wurzelansatz entfernen.

Gemüsesuppen und Eintöpfe

Sorte	Putzen, Waschen und Co.
Mangold	Den Strunk je nach Größe der Mangoldstaude abschneiden (2–3 cm), die einzelnen Blätter lösen und unter fließendem Wasser waschen.
Meerrettich	Schälen, waschen und auf einer Gemüsereibe reiben.
Pilze	Mit einem feuchten Küchenkrepp oder mithilfe einer Pilzbürste Erdreste abreiben und auf keinen Fall waschen, da sie sich sonst mit Wasser voll saugen.
Rettich, Eiszapfen, Mairübchen, Navets, Kohlrabi	Unter fließendem Wasser waschen und schälen.
Rote Bete	Rote Bete unter fließendem Wasser waschen, mit Handschuhen schälen, da der rote Farbstoff ziemlich intensiv ist und so schnell nicht mehr verschwindet.
Schwarzwurzeln	Schwarzwurzeln mit Handschuhen unter fließenden Wasser mit einer Bürste säubern, dann mit einem Sparschäler die äußere Schale entfernen und gleich in Zitronenwasser legen, damit die Wurzel sich nicht verfärbt.
Spargel	Weißen Spargel unterhalb der Köpfe mit einem Spargelschäler schälen, die unteren Enden abschneiden. Grüner Spargel muss nicht geschält werden.
Spinat	Die Spinatblätter (mehrmals) in stehendem Wasser waschen, sehr grobe Stielenden kürzen.
Staudensellerie	Die einzelnen Stangen von der Staude lösen, waschen, die Blätter abschneiden (man kann sie für Brühe gebrauchen). Die groben Enden kürzen und von oben nach unten die Stangen entfädeln.
Wildkräuter: Brunnenkresse, Löwenzahn, Portulak, Rucola	In stehendem Wasser gründlich waschen, nicht so schöne Stielenden abschneiden.
Zucchini	Zucchini unter fließendem Wasser waschen, Enden abschneiden (für die Gemüsebürste ist die Haut zu zart).

Kräuter sind wichtige Basenspender und dürfen, außer beim morgendlichen Obst, bei keiner Mahlzeit fehlen. Im späten Frühling, im Sommer und im Herbst werden Kräuter frisch, aus dem Garten oder von der Fensterbank verwendet, im Winter und im Frühjahr helfen frische Keimlinge (S. 56), die vitaminlose kalte Jahreszeit zu überbrücken.

Sesamsalz – der basische Salzersatz

Eine optimale Art, Sesam zu verzehren, ist in Form von Sesamsalz. Sesamsalz besteht aus gemahlenem und geröstetem Sesam, in den eine geringe Menge Salz untergemischt ist. Achten Sie beim Kauf des Sesamsalzes darauf, dass der Salzgehalt nicht über 5 % liegt. Manche Firmen bieten Sesamsalz mit bis zu 13 % Salzanteil an. Sesamsalz schmeckt herrlich nussig und verfeinert jedes Salat- und Gemüsearoma. Und: Sie verringern dadurch, ohne es überhaupt zu merken, Ihre Salzzufuhr.

GEMÜSESUPPEN UND EINTÖPFE

Kürbis-Maronen-Cremesuppe

Sehr sättigend – die Suppe geht glatt als Hauptgericht durch.

▶ Für 2 Personen
Anhaltspunkte: 20 grüne
⏱ 35 Min.
1 kleiner Hokkaidokürbis (500 g) · 2 Süßkartoffeln · 1 mittelgroße Zwiebel · 3 EL geröstetes Kürbiskernöl oder ein anderes nussiges Öl · 1¾ l Gemüsebrühe (aus 1 Gemüsebrühwürfel) · 200 g vorgekochte Maronen · 3 cm Ingwer · frisch gemahlener schwarzer Pfeffer · Galgant · Kurkuma · Liebstöckel · 1 EL Sesamsalz

- Den Kürbis waschen, halbieren, die Kerne entfernen und das Kürbisfleisch würfeln. Süßkartoffeln waschen, schälen und in Stücke schneiden. Zwiebel abziehen, klein hacken und im Kürbiskernöl zusammen mit den Gewürzen sehr vorsichtig andünsten – nur auf mittlerer Stufe.
- Nach wenigen Minuten etwas Gemüsebrühe dazugeben, dann das Gemüse mit der restlichen Gemüsebrühe zum Kochen bringen.
- Die Maronen in grobe Scheiben schneiden. Ingwer schälen, klein schneiden und mit den Maronen zur Suppe geben. Nach 10–15 Min. die Suppe mit dem Zauberstab pürieren und mit den Gewürzen abschmecken.

Rote-Bete-Cappuccino mit Meerrettich-Süßkartoffel-Schaum und Räucherlachs

Da staunen Ihre Gäste! (Foto s. S. 75)

▶ Für 2 Personen
Anhaltspunkte: 17 grüne, 3 rote
⏱ 45 Min.
¼ Süßkartoffel · 250 g vorgekochte Rote Bete (in vielen Supermärkten und Biomärkten) · ½ TL frisch geriebener Meerrettich · frisch gemahlener schwarzer Pfeffer · Kräutersalz · frische Kresse · 50 g Bio-Räucherlachs · 2 Scheiben Toastbrot

- Die Süßkartoffel kochen. Die Rote Bete mit dem Zauberstab pürieren und langsam etwa 200 ml Wasser dazugeben, bis die Rote Bete eine flüssige Konsistenz hat. Das Rote-Bete-Püree in einem Topf erhitzen.
- Das Süßkartoffelviertel mit der Gabel zerdrücken und mit dem Meerrettich vermischen. So lange vorsichtig Wasser dazugeben und mit dem Milchaufschäumer schaumig schlagen, bis die Konsistenz sahnig ist. Würzen, in eine Kaffeetasse füllen und den Meerrettichschaum darübergeben. Mit etwas Kresse verzieren und den Lachsstreifen sowie Toast servieren.

Tipp
Geben Sie nur langsam Wasser zur Roten Bete, da sie selbst viel Wasser enthält.

Schnelle marktfrische Gemüsesuppe

Flott, ohne viel Aufwand und lecker.

▶ Für 2 Personen
Anhaltspunkte: 20 grüne
⏱ 15 Min.
1 Gemüsebrühwürfel · 1 l Wasser · 1 Beutel Saisongemüse (gibt es an vielen Wochenmarktständen mit 6–8 Gemüsesorten, die schon geputzt und vorgeschnitten sind – wenn es schnell gehen muss) · Suppengrün (frisch oder getrocknet) · Kräutersalz

- Den Gemüsebrühwürfel im heißen Wasser auflösen und mit dem Gemüse zusammen in einem Topf zum Kochen bringen.
- Das Kräutersalz und das Suppengrün dazugeben und die Gemüse in wenigen Minuten garen. Die Suppe mit Kräutersalz abschmecken.

▶ Rote-Bete-Cappuccino mit Meerrettich-Süßkartoffel-Schaum und Räucherlachs

Kartoffelcremesuppe

Die isst wirklich jeder gerne – selbst der größte Gemüsehasser.

▶ **Für 2 Personen**
Anhaltspunkte: 20 grüne
⏱ **35 Min.**
6 große Kartoffeln · 2 mittelgroße Karotten · 1 Zwiebel · 2 EL Sonnenblumenöl · 1 l Gemüsebrühe (aus 1 Würfel Gemüsebrühe) · 2 EL Sesamsalz · 1 Prise Muskat · 1 Schälchen Kresse

- Die Kartoffeln waschen, schälen und vierteln. Die Karotten waschen, mit der Gemüsebürste unter fließendem Wasser säubern und in grobe Stücke schneiden. Die Zwiebel abziehen, sehr klein schneiden und im Öl mit den Gewürzen glasig dünsten.
- Die Kartoffel- und Karottenstücke dazugeben und mit der Gemüsebrühe ablöschen. 15–20 Min. kochen lassen, anschließend pürieren. Die Kresse abbrausen, mit der Schere abschneiden und über der Suppe verteilen.

Minestrone mit Zucchinispaghetti und Parmesan

Eine der vielen Minestrone-Varianten.

▶ **Für 2 Personen**
Anhaltspunkte: 19 grüne, 1 roter
⏱ **30 Min.**
1 gerade Karotte · 1 große gerade Zucchini · 1 kleine Zwiebel · 2 EL Sonnenblumenöl · 1 l Gemüsebrühe (aus 1½ Gemüsebrühwürfeln) · Piment · Liebstöckel · Galgant · einige Stängel Glattpetersilie · 2 TL geriebener Parmesan

- Die Karotte waschen und schälen. Zucchini waschen, die Enden gerade abschneiden und erst die Zucchini dann die Karotte mithilfe der Gemüsespaghettimaschine zu Spiralen schneiden. Die Zwiebel abziehen, fein würfeln und im Öl glasig dünsten. Mit Piment, Liebstöckel und Galgant würzen.
- Die Karotten- und Zucchinispaghetti dazugeben, mit Gemüsebrühe auffüllen. Nach wenigen Minuten sind die Gemüse gar, denn die Gemüsespaghetti sind sehr dünn! Die Petersilie waschen, hacken und untermischen und alles mit dem Parmesan bestreut servieren.

Blumenkohlcremesuppe

Feines im Frühling und im Herbst.

▶ **Für 2 Personen**
Anhaltspunkte: 20 grüne
⏱ **30 Min.**
1 mittelgroßer Blumenkohl · 2 mittelgroße Kartoffeln · 1 Karotte · 1 Zwiebel · 2 EL Sesamöl · 1 l Gemüsebrühe (aus 1 Gemüsebrühwürfel) · frisch gemahlener weißer Pfeffer · Liebstöckel · 1 EL Sesamsalz · Glattpetersilie

- Den Blumenkohl putzen, waschen und in Röschen teilen. Die Kartoffeln waschen, schälen und in Viertel schneiden. Die Karotte mit der Gemüsebürste säubern, schälen und in Stücke schneiden. Die Zwiebel abziehen, klein schneiden und im Öl glasig dünsten. Mit Liebstöckel, Pfeffer und Sesamsalz würzen.
- Blumenkohl, Kartoffeln und Karotten zu den Zwiebeln geben und mit ⅔ der Gemüsebrühe bedecken. Wenn das Gemüse gar ist, alles pürieren, bis eine cremige Suppe entsteht. Petersilie waschen, klein schneiden und über die Suppe geben.

▶ Minestrone mit Zucchinispaghetti und Parmesan

GEMÜSESUPPEN UND EINTÖPFE

Fenchelcremesüppchen mit gerösteten Mandeln

Fenchel und Mandeln – eine köstliche Kombination.

▶ Für 2 Personen
Anhaltspunkte: 20 grüne
⏱ 30 Min.

3 mittelgroße Fenchelknollen mit Fenchelgrün · 3 mittelgroße Kartoffeln · 1 Zwiebel · 2 EL Sesamöl (wenn Sie sein nussiges Aroma nicht so mögen, dann können Sie auch Sonnenblumenöl verwenden) · knapp 1 l Gemüsebrühe (aus 1 Gemüsebrühwürfel) · 1 EL Sesamsalz · 2 EL geröstete gehackte Mandeln (gibt's im Bioladen, sonst die gehackten Mandeln selbst kurz in der Pfanne rösten) · einige Stängel Bibernell oder etwas Bibernellgewürz

- Fenchelknollen putzen, waschen, den Strunk abschneiden und in 4–5 Stücke schneiden. Fenchelgrün zur Seite legen. Kartoffeln waschen, schälen und in grobe Stücke zerkleinern. Die Zwiebel abziehen und klein schneiden. Zwiebelstücke im Sesamöl glasig dünsten.
- Aus einem Gemüsebrühwürfel und 1 l Wasser eine Gemüsebrühe herstellen. Fenchelscheiben und Kartoffelstücke zu den Zwiebeln geben und mit der Gemüsebrühe übergießen. Das Gemüse garen – dies dauert 12–15 Min. Die Gewürze dazugeben.
- Die Suppe mit dem Pürierstab pürieren. Das Fenchelgrün klein schneiden und mit den gerösteten Mandeln über der Suppe verteilen. Bibernell waschen, klein schneiden und die Suppe vor dem Servieren damit bestreuen.

> ### WISSEN
>
> #### Muss Kürbis geschält werden?
>
> Die Sorten Hokkaido und Futsu black sind Kürbisse, die nicht geschält werden, Sie müssen nur den Stielansatz und den Strunk entfernen. Lediglich die Kerne werden aus dem Inneren des Kürbis herausgeschabt.

Kürbissuppe mit Ingwer, Zimt und Kardamom

Dieters fantasievolle Spontankreation.

▶ Für 2 Personen
Anhaltspunkte: 20 grüne
⏱ 40 Min.

1 mittelgroße Zwiebel · 2 EL Sonnenblumenöl · Kurkuma · gemahlener Koriander · Galgant · Muskat · frisch gemahlener schwarzer Pfeffer · Kreuzkümmel · 1 mittelgroßer Hokkaidokürbis · 1 große Süßkartoffel · 1 große Kartoffel · 2 EL Kürbiskernöl · 1 EL Sesamsalz · 1 cm frischer Ingwer · 1 l Wasser · 1 ½ TL Zimt · ½ TL Kardamom · 1 Handvoll geröstete Kürbiskerne

- Die Zwiebel abziehen, klein schneiden und im Sonnenblumenöl vorsichtig glasig dünsten. Je etwas Kurkuma, Koriander, Galgant, Muskat, schwarzer Pfeffer, Kreuzkümmel zugeben und mit andünsten. Den Hokkaido mithilfe der Gemüsebürste reinigen und den Stielansatz entfernen. Die Kerne mit einem Löffel entfernen. Den Hokkaido in grobe Stücke schneiden.
- Die Süßkartoffel und die Kartoffel mit dem Gemüseschäler schälen, in grobe Stücke schneiden und zu den Zwiebeln in den Topf geben. Die Gemüse kurz andünsten, dann das Wasser dazugeben und etwa 12–15 Min. garen.
- Den Ingwer schälen und klein hacken oder mit der Ingwerreibe fein reiben. Mit dem Zimt und dem Kardamom zur Suppe geben und alles pürieren. Vor dem Servieren das Kürbisöl darüberträufeln und mit gerösteten Kürbiskernen verziert servieren.

Tipp

Diese Suppe hat Dieter, der Mann meiner besten Freundin Eva, mal so eben aus dem Ärmel gezaubert, als sie mich überraschend besucht haben und wir alle Hunger hatten. Mit Gästen kochen macht einfach Spaß. Voraussetzung ist allerdings, dass der Gastgeber den Kühlschrank voll hat.

Petersilienwurzel-süppchen mit sautierten Steinchampignons

Herzhaftes für alle Frierkatzen.

▶ Für 2 Personen
Anhaltspunkte: 20 grüne
⏱ 30 Min.

3 große Petersilienwurzeln · 2 große Kartoffeln · 1 l Gemüsebrühe (aus ½ Gemüsebrühwürfel) · Liebstöckel · frisch gemahlener schwarzer Pfeffer · Galgant · Koriander · 10 kleine Steinchampignons · 1 kleine Zwiebel · 1 – 2 EL Sonnenblumenöl · frische Glattpetersilie

– Petersilienwurzeln waschen, schälen und in Stücke schneiden. Kartoffeln waschen, schälen und würfeln. Gemüsebrühe erhitzen und die Petersilienwurzel- und Kartoffelstücke dazugeben. Die Gewürze hinzufügen und etwa 10 – 15 Min. kochen.

– Steinchampignons trocken mit Küchenkrepp säubern und in dünne Scheiben schneiden. Die Zwiebel abziehen, klein würfeln und im Öl mit den Pilzen andünsten. Petersilie waschen, sehr fein schneiden und nach kurzer Zeit dazugeben. Die Suppe pürieren und die sautierten Pilze vor dem Servieren darüber verteilen.

GEMÜSESUPPEN UND EINTÖPFE

Klare Brühe mit Karottenspaghetti

Da helfen die Kinder gern beim Zubereiten.

▶ Für 2 Personen
Anhaltspunkte: 20 grüne
⊙ 20 Min.
1 gerade Karotte · 1 große Kartoffel · 1 kleine Zwiebel · 2 EL Sonnenblumenöl · Piment · Liebstöckel · Galgant · 1 l Gemüsebrühe (aus 1½ Gemüsebrühwürfeln) · einige Stängel Glattpetersilie

- Die Karotte und die Kartoffel waschen und schälen. Erst die Karotte, dann die Kartoffel mithilfe der Gemüsespaghettimaschine zu Spiralen schneiden. Die Zwiebel abziehen, fein würfeln und im Öl glasig dünsten. Mit Piment, Liebstöckel und Galgant würzen.
- Die Karotten- und Kartoffelspirali dazugeben, mit Gemüsebrühe auffüllen. Nach wenigen Minuten sind die Gemüse gar, denn die Gemüsespaghetti sind sehr dünn! Die Petersilie waschen, klein schneiden, untermischen und servieren.

Klare Brühe mit Selleriespaghetti und Brunnenkresse

Es lebe die Suppenvielfalt!

▶ Für 2 Personen
Anhaltspunkte: 20 grüne
⊙ 25 Min.
1 kleine oder ½ Sellerieknolle · 1 große Kartoffel · 1 kleine Zwiebel · 2 EL Sonnenblumenöl · Piment · Liebstöckel · Galgant · 1 l Gemüsebrühe (aus 1½ Gemüsebrühwürfeln) · 1 Handvoll frische Brunnen- oder Gartenkresse

- Die Knollensellerie und die Kartoffel waschen und schälen. Erst den Sellerie, dann die Kartoffel mithilfe der Gemüsespaghettimaschine zu Spiralen schneiden. Die Zwiebel abziehen, fein würfeln und im Öl glasig dünsten. Mit Piment, Liebstöckel und Galgant würzen.
- Die Karotten- und Selleriespirali dazugeben, mit Gemüsebrühe auffüllen. Nach wenigen Minuten sind die Gemüse gar, denn die Gemüsespaghetti sind sehr dünn! Die Kresse abbrausen, mit der Schere abschneiden, die Kresse darübergeben und servieren.

Klare Gemüsebrühe mit Ei

Auch ein Klassiker!

▶ Für 2 Personen
Anhaltspunkte: 19 grüne, 1 roter
⊙ 10 Min.
1 Gemüsebrühwürfel · 1 l Wasser · 2–3 Stängel frischer Liebstöckel (oder Glattpetersilie) · 2 Eier

- Das Wasser erhitzen und den Gemüsebrühwürfel darin auflösen. Den Liebstöckel waschen, abtropfen, klein schneiden und zur Gemüsebrühe geben.
- Die Eier aufschlagen, zur Gemüsebrühe geben und mit der Gabel kurz verquirlen. Die Brühe noch 1 bis 2 Min. ziehen lassen und servieren.

▶ Variante
Noch basischer wird die Brühe, wenn Sie noch einige Gemüsespaghetti dazu kochen – z. B. Karottenspaghetti.

GEMÜSESUPPEN UND EINTÖPFE

Kohlrabi-Karotten-Suppe
Die mögen Ihre Kinder auch!

▶ Für 2 Personen
Anhaltspunkte: 20 grüne
⏱ 30 Min.
2 mittelgroße Kohlrabi · 2 mittelgroße Karotten · 1 Zwiebel · 2 EL Sonnenblumenöl · knapp 1 l Gemüsebrühe (aus 1 Gemüsebrühwürfel) · 1 EL Sesamsalz · frisch gemahlener weißer Pfeffer · gemahlener Koriander · einige Stängel Liebstöckel (= Maggikraut, zur Not können Sie auch getrocknetes verwenden)

- Die Kohlrabi waschen, schälen und in nicht zu große Stücke schneiden. Die Karotten unter fließendem Wasser mit der Gemüsebürste reinigen und in nicht zu grobe Stücke schneiden.
- Die Zwiebel abziehen, fein würfeln und im Öl vorsichtig glasig dünsten. Mit Pfeffer, Koriander und Gomasio würzen. Die Kohlrabi- und Karottenstücke zu den Zwiebeln geben und kurz mit andünsten. Mit der Gemüsebrühe auffüllen und etwa 10–15 Min. garen.
- Liebstöckel waschen, zupfen und klein schneiden. Einen Teil davon unter die Suppe mischen. Die fertige Suppe mit dem restlichen Liebstöckel verziert servieren.

Borschtsch
Genau richtig bei sibirischer Kälte.

▶ Für 2 Personen
Anhaltspunkte: 20 grüne
⏱ 40 Min.
2 große Kartoffeln · 2 mittelgroße Rote Bete · 1 l Gemüsebrühe (aus 1½ Gemüsebrühwürfel) · 1 kleiner Weißkohl · 1 Zwiebel · 3 EL Rapsöl · frisch gemahlener schwarzer Pfeffer · 2 EL Sesamsalz · Piment · Liebstöckel · gemahlener Bockshornklee

- Die Kartoffeln und die Rote Bete waschen, schälen, in kleine Würfel oder Scheiben schneiden und in der Gemüsebrühe zum Kochen bringen. Den Weißkohl waschen, den Strunk herausschneiden und den Kohl in dünne Streifen schneiden. Die Zwiebel abziehen und fein würfeln.
- Das Öl erhitzen und die Zwiebelwürfel zusammen mit den Gewürzen und den Weißkohlstreifen andünsten und nach wenigen Minuten zu der Kartoffel-Rote-Bete-Mischung geben. Alles 20 Min. köcheln lassen.

Tipp
Borschtsch ist eine ukrainische Gemüsesuppe in vielen Varianten. Je nach Jahreszeit finden andere Gemüse dafür Verwendung. Sie können 1 Löffel Crème fraîche hineingeben (plus 1 roter Punkt).

Wintersuppe aus Steckrübenspaghetti
Ruhig mal ein unbekanntes Gemüse ausprobieren!

▶ Für 2 Personen
Anhaltspunkte: 20 grüne
⏱ 30 Min.
1 gerade Karotte · 1 mittelgroße Steckrübe (Wochenmarkt) · 1 kleine Zwiebel · 2 EL Sonnenblumenöl · 1 l Gemüsebrühe (aus 1½ Gemüsebrühwürfeln) · Piment · Liebstöckel · Galgant · einige Stängel Glattpetersilie

- Karotte und Steckrübe waschen und schälen. Erst die Karotte, dann die Steckrübe mithilfe der Gemüsespaghettimaschine zu Spiralen schneiden. Die Zwiebel abziehen, fein würfeln und im Öl glasig dünsten. Mit Piment, Liebstöckel und Galgant würzen.
- Die Karotten- und Steckrübenspaghetti dazugeben, mit Gemüsebrühe auffüllen. Nach wenigen Minuten sind die Gemüse gar, denn die Gemüsespaghetti sind sehr dünn! Die Petersilie untermischen und servieren.

Gemüse und Pilze

Wenn Sie zu den Menschen gehören, die bislang gedacht haben: »Immer nur Gemüse – wie langweilig!«, sollten Sie das umfangreiche Angebot an Basen aus der Natur einmal genauer betrachten. Es gibt so viele Gemüsesorten – wetten, Sie kennen nicht alle und werden das ein oder andere Rezept zu Ihrem neuen Lieblingsrezept machen? Und dazu gibt so viele basische Zutaten wie Pilze, Kartoffeln, Samen, Nüsse, frische Kräuter und Keimlinge, dass ich immer wieder am Herd stehe und eine neue Kombination finde, die superlecker schmeckt und mir alles liefert, was mir sonst nur teure Vitamintabletten versprechen. Und ganz ehrlich: Es geht auch ganz gut ohne Fleisch oder Fisch.

Vitalstoffschonend zubereiten

Achten Sie darauf, Gemüse schonend zuzubereiten. Erhitzen führt immer zu einem mehr oder weniger stark ausgeprägten Vitalstoffverlust. Braten und langes Kochen, bis das Gemüse weich und zerkocht ist, sind die sichersten Vitalstoffkiller. Die Verluste reichen bis zu 45 % (lt. Deutscher Gesellschaft für Ernährung). Es kommt dabei auch darauf an, ob Sie Gemüse ganz garen oder ob Sie es vor dem Garen klein schneiden. Je kleiner das Gemüse geschnitten ist, umso höher ist der Vitalstoffverlust. Auch die Zugabe von Salz führt zu einem höheren Verlust von Mineralien.

Wenn Sie ganz sichergehen wollen, dass Nahrungsmittel keine Vitalstoffe verlieren, dann müssten Sie alles ganz frisch, roh, sehr reif und damit saisonal verzehren – so weit die Theorie. Es gibt einige Menschen, die sich der Rohkost verschrieben haben, diese auch vertragen und damit sehr gesund und fit sind. Es gibt leider eine große Anzahl an Menschen, die eben nur bedingt oder keine Rohkost vertragen und damit vorsichtig umgehen sollten. Was Sie jedoch tun können, ist, nur reifes und saisonales Obst und Gemüse zu verwenden und stets frisch zuzubereiten. Damit haben Sie sehr viel getan, um die Vitalstoffe zu erhalten.

So erhalten Sie Vitalstoffe

- Schneiden Sie die Gemüse nicht zu klein.
- Vermeiden Sie langes Wässern.
- Geben Sie Salz erst nach dem Erhitzen dazu.
- Garen Sie Gemüse im Gemüsedämpfer oder dünsten Sie es mit wenig Wasser nur kurz an.
- Kaufen Sie Gemüse stets frisch und vermeiden Sie lange Lagerzeiten. Ausnahmen: Kartoffeln, Karotten und andere Wintergemüse sind Lagergemüse – müssen aber sachgerecht gelagert werden.
- Lagern Sie Obst und Gemüse mit lichtempfindlichen Substanzen wie Vitamin C im Dunkeln (Zitrusfrüchte, Paprika).

Unabhängig davon, ob Sie Basenbildner aus konventionellem oder aus Bioanbau verwenden: Achten Sie darauf, die Lebensmittel optimal zu lagern und schonend zu verarbeiten, dass die darin enthaltenen Vitalstoffe weitgehend erhalten bleiben.

Schonend garen mit dem Gemüsedämpfer

Wenn Sie Gemüse in Wasser kochen und dazu noch Gewürze geben, werden die Mineralien aus dem Gemüse ausgeschwemmt und befinden sich am Ende im Kochwasser, das meist weggeschüttet wird. Das Gemüse schmeckt fad, sodass es kräftig nachgewürzt werden muss. Die gesündeste Art, Gemüse zu garen, ist mit dem Gemüsedämpfer. Es handelt sich dabei um ein Topf-im-Topf-System, bei dem der innere Topf eigentlich ein Sieb ist, in das man das Gemüse legt. In den eigentlichen Topf füllt man Wasser, das man erhitzt, sodass das Gemüse über dem Wasser im Wasserdampf gegart wird. Besser geht es nicht. Das Schöne an diesem Verfahren: Es geht blitzschnell, denn Sie müssen nur ganz wenig Wasser zum Kochen bringen.

Mein persönliches Lieblingsgerät: der Vitalis von WMF. In ihm wird ein Fisch schonend gegart.

▶ **Mangoldrolle an einem Ragout von Kräuterseitlingen**

Gemüse und Pilze

Verwechseln Sie den Gemüsedämpfer nicht mit dem Schnellkochtopf – ein Gemüsedämpfer arbeitet völlig ohne Druck, nur mit Wasserdampf. Gemüsedämpfer gibt es auch aus Bambus und als einzelne Geräte, die wie Kochplatten mit Strom arbeiten. Seit einigen Jahren werden sie auch als Einbaugeräte angeboten. Mit ihnen lassen sich auch Fleisch oder Fisch dämpfen. Wenn Sie sich erst einmal nicht in Kosten stürzen wollen, ist die preiswerte Variante ein faltbares Sieb, das Sie in jeden Kochtopf hängen können und ihn damit zum Gemüsedämpfer umfunktionieren.

So geht's: Geben Sie die Gemüsesorten, die Sie garen möchten, geschält, ungeschält, grob oder fein geschnitten in das Sieb und hängen Sie es in den Kochtopf. Der Kochtopf muss mit dem Deckel verschlossen werden, damit der Dampf drin bleibt. Wenn das Wasser zu kochen beginnt, steigt der Wasserdampf nach oben, gart das Gemüse und erhält dabei weitgehend die Vitalstoffe. Sie werden sehen, dass es bei dieser Garmethode weitgehend seine Farbe behält und viel besser schmeckt. Wenn Sie Gemüse mit starkem Eigengeschmack wie Fenchel, Petersilienwurzeln oder Rote Bete verwenden, müssen Sie nur ganz wenig würzen. Mit dem Gemüsedämpfer erhalten Sie sich die natürlichen Vitalstoffe weitgehend. Und: Es geht genauso schnell wie andere Garmethoden. In wenigen Minuten ist das Gemüse essfertig. Gemüsedämpfer gibt es in allen Kaufhäusern und Haushaltsgeschäften.

Auberginen – vor oder nach dem Anbraten salzen?

Im Sommer bereite ich gerne Auberginen zu, die, in Scheiben geschnitten und mild angebraten, pur schon so lecker sind, dass ich oft nur ein paar Pellkartoffeln dazu esse. Nun saugen Auberginen dank ihrer schwammähnlichen Konsistenz eine Menge Öl auf. Vor dem Anbraten salzen oder nicht salzen – an dieser Frage scheiden sich die Geister. Es gibt unterschiedliche Meinungen dazu – auch unter italienischen Köchen, mit denen ich mich schon darüber unterhalten habe. Es bleibt letztlich dem Koch überlassen, wie er darüber denkt und wann er salzt. Es bietet sich an, sie zuerst zu salzen, denn dadurch benötigt man weniger Öl. Manche argumentieren auch so, dass sie sagen, die Bitterstoffe aus der Schale würden so besser entzogen werden. Dem steht gegenüber, dass man neben den Bitterstoffen damit auch andere wertvolle Inhaltsstoffe entzieht. So empfehlen manche Köche, eine Pfanne mit Salz auszustreuen und danach die Auberginen darin anzubraten. Besser ist es: Man salzt die Auberginenscheiben, lässt sie etwa 20 Min. im Salz liegen, spült sie danach ab und tupft sie trocken. Probieren Sie es aus und schauen Sie, was Ihnen besser schmeckt. Auch das ist entscheidend.

Darf Gemüse auch mal angebraten werden?

Auf Dauer ist gedämpftes Gemüse für den ein oder anderen zu fad. Auch wenn Braten immer mit der Bildung schädlicher AGEs (Advanced Glycation Endproducts) verbunden ist, darf es auch hin und wieder mal sein. Achten Sie darauf, das Öl nur leicht zu erhitzen, – also nicht auf höchster Stufe, und geben Sie zum Gemüse nach 1–2 Minuten etwas Wasser zum Ablöschen. So vermindern Sie wirksam den Vitalstoffverlust.

Mangoldrolle an einem Ragout von Kräuterseitlingen

Köstliches für Gäste. (Foto siehe S. 83)

▶ Für 2 Personen
Anhaltspunkte: 20 grüne
⊙ 55 Min.

2 kleine Mangoldblätter · 4 große gegarte Pellkartoffeln · ½ Bund gemischte Kräuter · 1 Tasse Gemüsebrühe · Muskat · frisch gemahlener weißer Pfeffer · Kerbel · 3 kleine Stangen Lauch · 2 Stängel Glattpetersilie · 3 EL Sesamöl · 1 EL Sesamsalz · 1 Prise gemahlener Bockshornklee · frisch gemahlener schwarzer Pfeffer · 200 g Kräuterseitlinge

- Die Mangoldblätter waschen und im Gemüsedämpfer in wenigen Minuten »al dente« garen. Die Kartoffeln waschen, schälen und zerstampfen. Die Kräuter waschen, hacken und zusammen mit den Gewürzen und der Hälfte der Gemüsebrühe zu einer festen Creme verrühren.
- Den Lauch putzen, gründlich waschen und in feine Ringe schneiden. Die Petersilie waschen und klein schneiden. Den Lauch sanft im Öl andünsten und mit der restlichen Gemüsebrühe ablöschen. Mit Sesamsalz, Bockshornklee und Pfeffer würzen.
- Die Kräuterseitlinge mit einer Pilzbürste oder mit Küchenkrepp säubern und in dünne Scheiben schneiden. Pilze zum Lauchgemüse geben und zusammen mit der Glattpetersilie noch einige Minuten dünsten.
- Je 2–3 EL Kartoffel-Kräuter-Creme auf ein Mangoldblatt geben und das Blatt darumrollen. Die Rolle hält besser, wenn sie mit einem Zahnstocher festgehalten wird.

Zuckerschoten mit Kohlrabi, Karotten und Walnüssen

Als Hauptgericht oder mit einer Fleischbeilage lecker.

▶ Für 2 Personen
Anhaltspunkte: 20 grüne
⊙ 30 Min.

2 kleine Kohlrabi · 2 kleine Karotten · ½ Schalotte · 2 Handvoll Zuckerschoten · 2 EL Sonnenblumenöl · ½ Gemüsebrühwürfel · Kräutersalz · frisch gemahlener weißer Pfeffer · 5–6 Walnüsse

- Die Kohlrabi waschen, schälen und in 1–1,5 cm breite Stifte schneiden. Die Karotten mit der Gemüsebürste unter fließendem Wasser abbürsten und in 1–1,5 cm breite Stifte schneiden. Die Schalotte abziehen und fein würfeln.
- Die Zuckerschoten waschen, abtropfen lassen und die Enden abschneiden. Das Sonnenblumenöl erhitzen und die Schalotten vorsichtig darin glasig dünsten. Die Kohlrabi- und Karottenstifte und die Zuckerschoten dazugeben und unter Rühren kurz erhitzen.
- Den Gemüsebrühwürfel in etwas Wasser auflösen und das angedünstete Gemüse damit ablöschen. Machen Sie die Garprobe mit einem Messer. Das Gemüse soll nicht zerkocht sein. Die Walnüsse knacken, die Nüsse klein brechen und über die fertige Gemüsemischung geben.

▶ Variante
Wenn Sie gerade keine Walnüsse zur Hand haben, können Sie auch Mandelstifte oder Sonnenblumenkerne nehmen. Als Variante können Sie anstelle von Spinat auch Mangold verwenden.

Igel-Stachelbart mit Kirschtomaten und Parmesan

So ein köstlicher Pilz!

▶ **Für 2 Personen**
Anhaltspunkte: 19 grüne, 1 roter
⏱ 30 Min.

250 g Igel-Stachelbart · 1 Handvoll reife Kirschtomaten · einige Blätter Basilikum · 2 EL Olivenöl · Kräutersalz · 2 EL frisch geriebener Parmesan

- Den Igel-Stachelbart falls nötig mit Küchenkrepp säubern und in etwa 2 cm dicke Scheiben schneiden. Die Tomaten waschen und halbieren.
- Die Basilikumblätter waschen und klein schneiden. Die Pilze vorsichtig im Öl andünsten. Würzen, Tomaten und Basilikum dazugeben. Mit Parmesan bestreut servieren.

Tipp
Igel-Stachelbart ist ein Zuchtpilz, den es ganzjährig in gut sortierten Geschäften oder auf Wochenmärkten gibt.

◀ Igel-Stachelbart mit Kirschtomaten und Parmesan

Zucchinispaghetti mit Kräuterseitlingen

Sommerlich leicht.

▶ **Für 2 Personen**
Anhaltspunkte: 20 grüne
⏱ 30 Min.

2 mittelgroße, gerade Zucchini · 1 kleine Zwiebel · 4 EL Sonnenblumenöl · 150 g Kräuterseitlinge · frisch gemahlener schwarzer Pfeffer · einige Stängel frische Glattpetersilie · Kräutersalz · ¼ l Gemüsebrühe

- Die Zucchini waschen, schälen und mithilfe der Gemüsespaghettimaschine zu Spaghetti verarbeiten. Die Zwiebel abziehen, klein schneiden und die Hälfte im Öl andünsten. Die Zucchinispaghetti dazugeben, etwas Gemüsebrühe hinzufügen und unter ständigem Rühren weiterdünsten.
- Die Kräuterseitlinge mit Küchenkrepp abreiben und gegebenenfalls klein schneiden. Die Petersilie waschen und mit dem Wiegemesser fein hacken. In einem anderen Topf die restlichen Zwiebeln in etwas Öl glasig dünsten und die Kräuterseitlinge dazugeben. Mit etwas Gemüsebrühe ablöschen, würzen und die Petersilie dazugeben.
- Die Zucchinispaghetti auf einem Teller anrichten und die gedünsteten Kräuterseitlinge darüber verteilen.

Mandelbrokkoli

Köstlich auch zu Fisch.

▶ **Für 2 Personen**
Anhaltspunkte: 20 grüne
⏱ 30 Min.

500 g Brokkoli · 3 EL Mandelblättchen · 2 EL Sonnenblumenöl · 2 EL Sesamsalz · frisch gemahlener schwarzer Pfeffer

- Den Brokkoli waschen und in Röschen brechen. Den Boden den Gemüsedämpfers bis zur Höhe des Siebeinsatzes mit Wasser bedecken, die Brokkoliröschen in das Sieb geben und das Wasser zum Kochen bringen. Garzeit: wenige Minuten!
- Die Brokkoliröschen auf zwei Tellern anrichten und die Mandelblättchen darüber verteilen. Das Sonnenblumenöl mit dem Sesamsalz und dem Pfeffer verrühren und unter die Mandelbrokkoli mischen.

▶ **Variante**
Dieses Rezept können Sie verfeinern, indem Sie Mandelöl, Walnussöl, Arganöl oder Haselnussöl verwenden – etwas teurer, aber köstlich.

GEMÜSE UND PILZE

GEMÜSE-KOMBIS

GEMÜSE UND PILZE

Antipasti mit Kürbis und Zucchini

Darf auf keinem Büfett fehlen.

▶ Für 2 Personen
Anhaltspunkte: 20 grüne
⏱ 20 Min.
1 kleiner Futsu black (wahlweise 1 kleiner Hokkaido) · 1 Zucchini · 4 EL Olivenöl · 1 EL Sesamsalz · frisch gemahlener schwarzer Pfeffer · 1 Handvoll schwarze Oliven

- Den Kürbis waschen, den Stiel abschneiden und die Kerne mit einem Löffel herausschälen. Den unteren Teil des Futsu black abschneiden. Den Kürbis der Länge nach in 2,5–3 cm dicke Scheiben schneiden.
- Zucchini waschen, putzen und in dünne Scheiben schneiden. Das Olivenöl erhitzen und Kürbis und Zucchini vorsichtig anbraten, bis beides gar ist. Mit Sesamöl und Pfeffer würzen, mit den Oliven garnieren und servieren.

Tipp
Futsu black ist ein Kürbis, der wie Hokkaido mit der Schale verzehrt werden kann. Er sieht ziemlich hässlich und unscheinbar aus, hat aber das ultimative Kürbisaroma.

Junger Spinat mit Steinchampignons und Karotten

Junger Spinat schmeckt einfach besonders gut.

▶ Für 2 Personen
Anhaltspunkte: 20 grüne
⏱ 25 Min.
300 g junger Spinat · 1 große Karotte · 150 g Steinchampignons (wahlweise Champignons) · 1 Schalotte · 2 EL Sonnenblumenöl · 2 EL Sesamsalz · frisch gemahlener schwarzer Pfeffer · Paprikapulver · Kurkuma

- Die Spinatblätter gründlich waschen und abtropfen lassen. Die Karotte mit der Gemüsebürste unter fließendem Wasser abbürsten und klein raspeln. Die Steinchampignons mit einer Pilzbürste oder mit Küchenkrepp abreiben und in dünne Scheiben schneiden.
- Die Schalotte abziehen, klein würfeln und im Sonnenblumenöl glasig dünsten. Die Spinatblätter, die Steinchampignons und die Karottenraspel dazugeben und einige Minuten dünsten. Mit Sesamsalz, Pfeffer, Paprika und Kurkuma würzen.

Champignon-Zwiebel-Gemüse mit Crème fraîche

Schmeckt auch ganz lecker zu Fisch.

▶ Für 2 Personen
Anhaltspunkte: 19 grüne, 1 roter
⏱ 5 Min.
6 mittelgroße Zwiebeln · 20 kleine Champignons · 2 EL Sesamöl · Fleur de Sel · frisch gemahlener schwarzer Pfeffer · 2 EL Crème fraîche

- Die Zwiebeln abziehen und klein schneiden. Die Champignons mit Küchenkrepp abreiben und in feine Scheiben schneiden. Die Zwiebeln und Champignons im heißen Öl ca. 8 Min. andünsten. Danach die Gewürze und Crème fraîche untermischen.

▶ Antipasti mit Kürbis und Zucchini

GEMÜSE-KOMBIS

GEMÜSE UND PILZE

Karottenspaghetti mit Spinat
Köstlich mit Babyspinat!

▶ Für 2 Personen
Anhaltspunkte: 20 grüne
◷ 30 Min.

3 gerade mittelgroße Karotten · 2 Handvoll junger Spinat · 1 Frühlingszwiebel · 2 EL Olivenöl · ½ Tasse Gemüsebrühe · 1 TL Kräuter der Provence · frisch gemahlener gemischter Pfeffer

– Die Karotten waschen, mit der Gemüsebürste abbürsten und mit der Gemüsespaghettimaschine zu Spaghetti verarbeiten. Spinat gründlich waschen und abtropfen lassen.
– Die Frühlingszwiebel waschen, putzen, klein schneiden und im Öl glasig dünsten. Karottenspaghetti dazugeben und unter ständigem Rühren andünsten. Nach einigen Min. den Spinat dazugeben. Die Gemüsebrühe unterrühren und mit den Gewürzen abschmecken.

Lauchgemüse mit Kräuterseitlingen
Lecker mit einem Klecks Schmand.

▶ Für 2 Personen
Anhaltspunkte: 20 grüne
◷ 20 Min.

3 kleine Stangen Lauch · 2 Stängel Glattpetersilie · 2 EL Sonnenblumenöl · ½ Tasse Gemüsebrühe (aus ½ Gemüsebrühwürfel) · 1 EL Sesamsalz · 1 Prise gemahlener Bockshornklee · frisch gemahlener schwarzer Pfeffer · 200 g Kräuterseitlinge

– Die Lauchstangen putzen, gründlich waschen und in feine Ringe schneiden. Die Petersilie waschen und klein schneiden. Den Lauch leicht im Öl andünsten und mit der Gemüsebrühe ablöschen. Mit Sesamsalz, Bockshornklee und Pfeffer würzen.
– Die Kräuterseitlinge mit Küchenkrepp abreiben und in dünne Scheiben schneiden, zum Lauchgemüse geben und zusammen mit der Petersilie noch einige Minuten andünsten.

Gebratener Hokkaido mit Zwiebeln
Schnell und unkompliziert.

▶ Für 2 Personen
Anhaltspunkte: 20 grüne
◷ 15 Min.

1 kleiner Hokkaido-Kürbis · 1 mittelgroße Zwiebel · 2 EL Kürbiskernöl · 1 EL Sesamsalz

– Den Hokkaido waschen, den Stiel abschneiden und die Kerne mit einem Löffel herausschälen. Den unteren Teil des Hokkaido abschneiden und den Kürbis der Länge nach in 2,5 – 3 cm dicke Scheiben schneiden.
– Die Zwiebel abziehen und in Streifen schneiden. Das Kürbiskernöl vorsichtig erhitzen und die Zwiebeln zusammen mit dem Kürbis sanft anbraten, bis er gar ist. Mit Sesamsalz bestreuen und servieren.

▶ Variante
Verwenden Sie anstatt Hokkaido auch einmal Butternut-Kürbis, der auch nicht geschält werden muss. Butternut ist ein Kürbis von extrem gutem Aroma. Er sieht mit seinem leuchtenden Orange sehr appetitlich aus.

GEMÜSE ALS HAUPTGERICHT

Kürbis-Mangold-Pfanne mit frischen Walnüssen

Mein geliebter Mangold!

▶ **Für 2 Personen**
Anhaltspunkte: 20 grüne
🕐 **20 Min.**
1 kleiner Mangold (oder 1 Handvoll Spinat) · 1 kleiner Hokkaido-Kürbis · 1 kleine Zwiebel · 2 EL Kürbiskernöl oder Sonnenblumenöl · Sesamsalz · frisch gemahlener weißer Pfeffer · Piment · Kurkuma · einige frische Walnüsse

- Den Mangold waschen, putzen und in Streifen schneiden. Den Hokkaido waschen, den Stiel abschneiden und die Kerne mit einem Löffel herausschälen. Kürbis in kleine Streifen schneiden.
- Die Zwiebel abziehen, klein schneiden und im erhitzten Kürbiskernöl vorsichtig andünsten. Kürbis dazugeben und unter ständigem Rühren 15–20 Min. andünsten. Mangold nach etwa 5 Min. dazugeben und unter Rühren andünsten, mit den Gewürzen abschmecken.
- Die Walnüsse aus der Schale nehmen, in Stücke brechen und unter das Gemüse rühren.

Auberginen mit Kartoffeln und Basilikum

Darüber ein wenig Parmesan: nicht ganz so basisch, aber lecker!

▶ **Für 2 Personen**
Anhaltspunkte: 20 grüne
🕐 **25 Min.**
1 große Kartoffel · 1 mittelgroße Aubergine · 1 kleine Zwiebel · einige Blätter Basilikum · 3 EL Olivenöl · einige schwarze ungefärbte Oliven · Kräutersalz · frisch gemahlener schwarzer Pfeffer

- Kartoffel waschen, schälen und in kleine Würfel schneiden. Aubergine waschen, putzen und in 3 cm dicke Scheiben schneiden. Die Zwiebel sehr fein würfeln, Basilikum waschen.
- Zwiebeln im Olivenöl glasig dünsten. Die Auberginenstücke und die Kartoffeln dazugeben und dünsten – evtl. mit etwas Wasser ablöschen. Oliven und Basilikum dazugeben, mit Kräutersalz und Pfeffer würzen.

Petersilien-Kohlrabi mit Ofenkartoffeln

Anstatt Kartoffeln auch mit Fisch ganz lecker.

▶ **Für 2 Personen**
Anhaltspunkte: 20 grüne
🕐 **25 Min.**
Zutaten für die Ofenkartoffeln (S. 100) · 3 Kohlrabi · 1 Schalotte · 2 EL Sesamöl oder Sonnenblumenöl · 1 EL Sesamsalz · etwas Wasser · ½ Gemüsebrühwürfel · einige Stängel Glattpetersilie

- Die Ofenkartoffel (siehe Rezept S. 100) vorbereiten und im Backofen garen.
- Die Kohlrabi waschen, schälen und in feine Streifen schneiden. Die Schalotte abziehen und klein würfeln. Das Sesamöl erhitzen und die Zwiebeln darin glasig dünsten. Die Kohlrabistreifen und das Sesamsalz dazugeben. Den halben Gemüsebrühwürfel in wenig Wasser auflösen und zu den Kohlrabi geben.
- Die Glattpetersilie waschen, abtropfen lassen, klein hacken und gegen Ende der Garzeit zu den Kohlrabi geben. Mit den Ofenkartoffeln zusammen anrichten.

GEMÜSE UND PILZE

GEMÜSE ALS HAUPTGERICHT

Spitzkohl aus dem Wok mit Shiitakepilzen und Mango

So zart – da vergessen Sie Weißkohl ganz schnell!

▶ **Für 2 Personen**
Anhaltspunkte: 20 grüne
⏱ 20 Min.
1 mittelgroßer Spitzkohl · 4 EL Sesamöl · je 1 Prise gemahlener Bockshornklee · Galgant · Kurkuma · Kreuzkümmel · getrocknetes Lemongras · frisch gemahlener schwarzer Pfeffer · 150 g Shiitakepilze · ½ Mango · 1 EL Sesamsalz

- Den Strunk des Spitzkohls herausschneiden, den Spitzkohl in dünne Streifen schneiden, waschen und abtropfen lassen. 2 EL Sesamöl erhitzen und den Spitzkohl mit den Gewürzen unter Rühren im Wok andünsten. Mit einer halben Tasse Wasser ablöschen.
- Die halbe Mango schälen und in kleine Würfel schneiden. Die Shiitakepilze mit Küchenkrepp abreiben, in kleine Scheiben schneiden und in 2 EL Sesamöl andünsten. Die Pilze mit etwas Sesamsalz würzen. Die Mangowürfel gegen Ende der Garzeit unterheben. Das Spitzkohlgemüse auf zwei Teller anrichten und die Shiitakepilze darüber verteilen.

◀ Spitzkohl aus dem Wok mit Shiitakepilzen und Mango

Fenchel mit Manchego überbacken

Ganz schön basisch und lecker.

▶ **Für 2 Personen**
Anhaltspunkte: 19 grüne, 1 roter
⏱ 40 Min.
2 mittelgroße Fenchelknollen mit Fenchelgrün · 4 reife Eiertomaten · 3 EL Walnussöl oder Haselnussöl · 2 EL Sesamsalz · frisch gemahlener weißer Pfeffer · 1 EL gemahlene Mandeln · 3 EL frisch geriebener Manchego (spanischer Hartkäse – gibt es auch im Bioladen)

- Fenchel waschen, die äußeren Blätter entfernen und die Knolle halbieren. Fenchelgrün waschen und klein schneiden. Die Tomaten waschen und klein würfeln. Die Fenchelhälften im Gemüsedämpfer ca. 10 Min. garen.
- Das Öl erhitzen, die Tomatenstücke kurz darin andünsten, mit Sesamsalz und Pfeffer würzen und von der Kochstelle nehmen. Die Tomaten mit dem Fenchelgrün, den gemahlenen Mandeln und dem Manchego mischen.
- Die Fenchelhälften in eine eingeölte Auflaufform legen, die Tomaten-Käse-Mischung darübergeben und etwa 10 Min. im vorgeheizten Backofen (Umluft 180 Grad) überbacken.

Lauchgratin

Am besten gleich die doppelte Menge auf Vorrat zubereiten.

▶ **Für 2 Personen**
Anhaltspunkte: 17 grüne, 3 rote
⏱ 40 Min.
3 kleine Stangen Lauch · 1 mittelgroße Karotte · einige Stängel Glattpetersilie · 1 Becher Kräuter-Crème-fraîche (Bio) · 50 g Pecorino · 3 EL Sesamöl · frisch gemahlener schwarzer Pfeffer · 1 EL Sesamsalz · 3 TL gehackte Mandeln (können auch geröstet sein)

- Die Lauchstangen gut putzen und waschen, den Wurzelansatz entfernen. Lauchstangen der Länge nach vierteln und in etwa 4–6 cm lange Streifen schneiden. Die Karotte mit der Gemüsebürste unter fließendem Wasser säubern und in kleine, dünne Stifte schneiden.
- Das Sesamöl in einem Topf erhitzen und den Lauch und die Karotte kurz andünsten, mit Sesamsalz und Pfeffer würzen und mit etwas Wasser ablöschen.
- Eine feuerfeste Form mit Öl auspinseln und das Lauchgemüse hineingeben. Crème fraîche über das Lauchgemüse verteilen und den Pecorino darüberreiben. Im vorgeheizten Backofen – Umluft bei 180 Grad etwa 10 Min. überbacken – die Kästekruste sollte nicht zu braun werden.

GEMÜSE UND PILZE

GEMÜSE ALS HAUPTGERICHT

GEMÜSE UND PILZE

Pak Choi mit Kräuterseitlingen und Kartoffeln
Ein leckeres Trio.

▶ Für 2 Personen
Anhaltspunkte: 20 grüne
⊙ 20 Min.
400 g Kartoffeln (Bamberger Hörnchen) · Olivenöl · Salz · 1 mittlerer Pak Choi · 4 kleine Zucchini · 1 mittelgroße Zwiebel · Kräutersalz · Pfeffer · gemahlener Bockshornklee · Kurkuma · frischer Ingwer · 1 Handvoll Kräuterseitlinge

- Die Kartoffeln waschen, bürsten, längs halbieren und auf einem Backblech verteilen. Die Schnittflächen mit Olivenöl bestreichen, mit Pfeffer und Salz würzen und bei 220 Grad Umluft je nach Größe etwa 20–30 Min. im Backofen garen.
- Pak Choi und Zucchini putzen, waschen und in Streifen schneiden. Zwiebel abziehen, klein schneiden und in Öl anbraten. Pak Choi und Zucchini dazugeben, unter Rühren andünsten, etwas Wasser dazugeben, mit Salz und Pfeffer würzen und al dente garen.
- Kurkuma, Bockshornklee und frisch geriebenen Ingwer dazugeben. Pak Choi und Zucchini mit geschlossenem Deckel fertig garen. Pilze mit Küchenkrepp abreiben, in Viertel schneiden und in etwas Öl anbraten. Gemüse, Kartoffeln und Pilze auf dem Teller in drei separaten Portionen servieren.

Mediterranes Gemüse mit Mozzarella
Sommerliche Mittelmeergefühle auf dem Teller.

▶ Für 2 Personen
Anhaltspunkte: 18 grüne, 2 rote
⊙ 35 Min.
1 große Aubergine · 1 mittelgroße Zucchini · 6–8 Kirschtomaten · 3 EL aromatisches Olivenöl · 2 kleine Büffelmozzarella · Zitronenthymian oder Thymian · frisch gemahlener schwarzer Pfeffer · Kräutersalz · einige Blätter Basilikum

- Die Aubergine waschen, den Strunk entfernen und in dünne Scheiben schneiden. Die Zucchini waschen, putzen und in Scheiben schneiden. Auberginen und Zucchini im Gemüsedämpfer wenige Min. al dente garen.
- Den Backofen auf 180 Grad (Umluft 160 Grad) vorheizen. Eine Auflaufform mit Olivenöl auspinseln, mit den Zucchini- und Auberginenscheiben auslegen, Kräutersalz, Pfeffer und Zitronenthymian untermischen. Die Kirschtomaten waschen, halbieren und darüber verteilen.
- Mozzarella in Scheiben schneiden, auf dem Gemüse verteilen und mit Olivenöl beträufeln. Im Backofen 10–15 Min. überbacken. Vor dem Servieren mit den Basilikumblättern dekorieren.

Staudensellerie-Sesam-Gemüse mit Oliven und Parmesan
Sehr italienisch!

▶ Für 2 Personen
Anhaltspunkte: 19 grüne, 1 roter
⊙ 20 Min.
1 mittelgroße Selleriestaude · 1 Handvoll schwarze ungefärbte Oliven · 4 TL Sesam · 2 TL Sesamsalz · 3 EL gehackte Kräuter (Glattpetersilie, Schnittlauch) · frisch gemahlener schwarzer Pfeffer · 3 EL Olivenöl · 5 TL geriebener Parmesan

- Sellerie putzen, in kleine Stifte schneiden und im Gemüsedämpfer gar dämpfen. Oliven, Kräuter, Sesam, Sesamsalz und Olivenöl untermischen und das Gemüse mit Parmesan bestreuen.

Tipp
So wird es bunter: Eine mittelgroße Karotte unter fließendem Wasser mit der Gemüsebürste säubern und in Stifte schneiden. Karotten mit dem Staudensellerie in den Gemüsedämpfer geben.

GEMÜSE ALS HAUPTGERICHT

Paprika-Zucchini-Gemüse mit Schafskäse
Der Sommer ist bunt und lecker.

▶ **Für 2 Personen**
Anhaltspunkte: 18 grüne, 2 rote
⏱ 35 Min.

1 rote und 1 gelbe Paprika · 2 kleine Zucchini · 2 EL Olivenöl · Kräutersalz · frisch gemahlener schwarzer Pfeffer · 150 g reiner Schafskäse · 1 Handvoll schwarze, ungefärbte Oliven · einige Rosmarinnadeln

- Die Paprika waschen, den Strunk herausschneiden und die Paprika in dünne Streifen schneiden. Die Zucchini waschen, putzen, halbieren und in dünne Streifen schneiden. Das Olivenöl erhitzen, die Paprikastreifen und die Zucchinistreifen darin vorsichtig andünsten und die Gewürze dazugeben.
- Den Schafskäse in kleine Würfel schneiden und mit den schwarzen Oliven und dem Rosmarin gegen Ende der Garzeit dazugeben und untermischen.

Zucchinipfännchen mit Oliven und Schafskäse
Mein Leibgericht, wenn es schnell gehen muss.

▶ **Für 2 Personen**
Anhaltspunkte: 18 grüne, 2 rote
⏱ 30 Min.

2 kleine Zucchini · Olivenöl · 150 g reiner Schafskäse · 2 Handvoll reife Kirschtomaten · frischer Basilikum · ½ TL Kräuter der Provence (falls Sie frische mediterrane Kräuter wie Oregano, Rosmarin oder Thymian im Garten oder auf dem Balkon haben, verwenden Sie, was da ist) · 2 Handvoll schwarze, ungefärbte Oliven

- Die Zucchini waschen, halbieren und in sehr dünne Streifen schneiden. Eine ofenfeste Form mit etwas Olivenöl auspinseln, die Schafskäsescheiben abtropfen lassen und hineinlegen. Die Kirschtomaten waschen, halbieren und mit den Zucchini in die Form legen.
- Die Kräuter und Gewürze dazugeben und im Backofen bei 180 Grad (Umluft 160 Grad) 15 Min. garen. Gegen Ende der Garzeit die Oliven dazugeben.

Tipp
Die Zucchini schaffen es nur, in der kurzen Zeit gar zu werden, wenn sie wirklich dünn geschnitten sind.

Rührei mit frischen Kräutern und Champignons
Geht auch am Wochenende zum Frühstück!

▶ **Für 2 Personen**
Anhaltspunkte: 18 grüne, 2 rote
⏱ 15 Min.

200 g frische Champignons · 1 Handvoll frische Kräuter (Glattpetersilie · Schnittlauch und Bibernell) · 4 Eier (Bio) · Kräutersalz · frisch gemahlener weißer Pfeffer · 2 EL Sonnenblumenöl

- Die Champignons mit Küchenkrepp abreiben, den Stiel herausdrehen und die Hüte in dünne Scheiben schneiden. Die Kräuter waschen, abtropfen lassen und klein schneiden.
- Die Eier in eine Schüssel geben und mit Kräutersalz, Pfeffer und den Kräutern vermischen. 2 TL Kräuter für die Dekoration zurückbehalten. Das Sonnenblumenöl in einer Pfanne erhitzen und die Champignons darin leicht andünsten. Nach 2–3 Min. das Ei dazugeben, stocken lassen, vorsichtig wenden und weitere 2 Min. stocken lassen.
- Das Kräuter-Rührei auf zwei Teller verteilen und mit den restlichen frischen Kräutern dekorieren.

GEMÜSE UND PILZE

GEMÜSE ALS HAUPTGERICHT

Pochiertes Ei im Glas auf Spinat

Eine köstliche Vorspeise!

▶ Für 2 Personen
Anhaltspunkte: 19 grüne, 1 roter
⏲ 15 Min.
500 g Babyspinat · 1 kleine Zwiebel · 2 EL Sonnenblumeöl · ½ Gemüsebrühwürfel · 2 Eier · Sesamsalz

– Den Spinat gründlich waschen und abtropfen lassen. Die Zwiebel abziehen, sehr klein würfeln und einem Topf mit Sonnenblumenöl glasig dünsten. Den Spinat dazugeben und kurz andünsten. Den halben Gemüsebrühwürfel in einer halben Tasse heißem Wasser auflösen und zum Spinat geben. Noch einige Min. dünsten, bis der Spinat zusammengefallen ist.
– Wasser in einem Topf zum Kochen bringen. Das erste Ei in eine Schöpfkelle aufschlagen und langsam in das kochende Wasser gleiten lassen. Mit dem zweiten Ei genauso verfahren. In etwa 3 Min. ist das Eiweiß gestockt. Den Spinat in 2 gerade Gläser schichten und je ein Ei mit der Schöpfkelle auf den Spinat legen. Vor dem Servieren etwas Sesamsalz darüberstreuen.

Sommerliches Rührei mit Tomaten und frischem Basilikum

Einmal in der Woche darf es Ei geben.

▶ Für 2 Personen
Anhaltspunkte: 18 grüne, 2 rote
⏲ 15 Min.
200 g sehr reife Tomaten (oder reife Kirschtomaten) · 1 Handvoll frische Basilikumblätter · 4 Eier (Bio) · 2 EL Sonnenblumenöl · Kräutersalz · frisch gemahlener weißer Pfeffer

– Die Tomaten waschen, den Strunk und Stielansatz entfernen und die Tomaten in Scheiben schneiden. Die Basilikumblätter waschen, abtropfen lassen und klein zupfen. Die Eier in einer Schüssel verquirlen und mit Kräutersalz, Pfeffer und dem Basilikum vermischen. Einige kleinere Blätter für die Dekoration zurückbehalten.
– Das Sonnenblumenöl in einer Pfanne erhitzen und die Eier und die Tomatenscheiben dazugeben, stocken lassen – etwa 2 Min. Die Mischung vorsichtig wenden und weitere 2 Min. stocken lassen.
– Rührei auf zwei Teller verteilen und mit den restlichen Basilikumblättchen dekorieren.

Pochiertes Ei im Glas auf Spinat mit schwarzem Trüffel

Für Gourmets, die Basisch-Exklusives lieben. Wunderbar für Gäste!

▶ Für 2 Personen
Anhaltspunkte: 19 grüne, 1 roter
⏲ 15 Min.
500 g Babyspinat · 1 kleine Zwiebel · 2 EL Sonnenblumeöl · ½ Gemüsebrühwürfel · 2 Eier · Sesamsalz · 10 – 15 g Perigordtrüffel (gibt es im Feinkostgeschäft)

– Bereiten Sie das Rezept »Pochiertes Ei im Glas auf Spinat« wie links beschrieben zu.
– Den frischen Trüffel vorsichtig und ohne Wasser mit einem Pilzpinsel säubern und mithilfe eines Trüffelhobels über das pochierte Ei hobeln.

▶ Variante
Der schwarze Trüffel (Perigordtrüffel) ist deutlich günstiger als der weiße Albatrüffel. Je nach Lust und Geldbeutel können Sie für dieses Rezept natürlich auch den weißen Trüffel verwenden.

▶ Pochiertes Ei im Glas auf Spinat

Basenwunder Kartoffeln

Kartoffeln isst doch jeder gerne – auch Kinder. Das Gute an Kartoffeln? Sie lassen sich auf Vorrat kochen und können auch im größten Hungeranfall mal kalt verzehrt werden. Und: Eine Kartoffelmahlzeit am Abend neutralisiert Säuresünden des Tages.

Leckere Kartoffelgerichte

Meine Kartoffelgerichte eignen sich vor allem für abends, wenn es schnell gehen soll und Ihr Magen vor Hunger rebelliert. Wenn Sie berufstätig sind, bietet es sich an, dass Sie immer einige gekochte Kartoffeln im Kühlschrank bereithalten. Die können Sie abends binnen Min. in etwas Öl oder Butter anwärmen und nach Belieben mit Kräutern, Sesam oder anderen passenden Zutaten verfeinern. Am besten schmecken Kartoffeln natürlich, wenn sie frisch gekocht sind – als Pellkartoffeln beispielsweise. Auch diese sind, besonders wenn Sie kleine Kartoffeln verwenden, in wenigen Minuten gar. Kartoffeln schmecken auch prima mit Avocadocreme (S. 22). Und wenn es einmal ganz schnell gehen muss, gibt es im Bioladen oder im Reformhaus andere basenreiche Fertigcremes aus dem Glas, wie beispielsweise Paprikacreme oder Rucolapesto, die mit Pellkartoffeln ein schnelles Abendessen ergeben.

Unendliche Vielfalt

Weltweit gibt es ungefähr 2000 verschiedene Kartoffelsorten und in Deutschland werden etwa 120 verschiedene Sorten angebaut. Schauen Sie doch beim nächsten Einkauf mal genau auf die Etiketten. Oder noch besser: Auf dem Wochenmarkt werden meist gleich mehrere Sorten angeboten. Und fragen Sie doch mal bei Ihrem Bio-Bauern nach, welche Sorten er anbaut. Unter www.kartoffelvielfalt.de finden Sie alle Informationen über Kartoffeln und deren Eigenschaften und Sie haben sogar die Möglichkeit, im Onlineshop Speise- und Pflanzkartoffeln zu bestellen, z. B. die Sorten La Bonnotte, Roseval, Rode Erstling, Emma, Fringilla, Sieglinde oder Blaue Elise. Die Kartoffelknolle wird in drei verschiedene Kochtypen eingeteilt:

Fest kochend: Die Schale platzt beim Kochen meist nicht auf, die gekochten Kartoffeln lassen sich gut schneiden. Fest kochende Kartoffelsorten sind beispielsweise gut geeignet für Kartoffelsalat, Bratkartoffeln und Kartoffelgratins. Fest kochende Sorten sind Princess, Sieglinde, Simone, Nicola, Linda, Selma, Cilena.

Vorwiegend fest kochend: Mittelfeste bis weiche Knollen, geeignet für Salzkartoffeln, Pellkartoffeln und Bratkartoffeln. Vorwiegend fest kochende Sorten sind Agria, Satina, Secura, Granola.

Mehlig kochend: Die Schale platzt beim Kochen auf. Mehlig kochende Kartoffeln werden für Püree, Suppen oder Klöße und als Folienkartoffel verwendet. Mehlig kochende Sorten sind Aula, Irmgard, Karlena, Likaria.

Kartoffeln am Abend

Kartoffeln mit ihrem hohen Kohlenhydratgehalt sind bei vielen Menschen am Abend verpönt. Was ist dran am Übeltäter Kohlenhydrate? Tatsächlich haben Forschungen der vergangenen Jahre ergeben, dass Kohlenhydrate am Abend langsamer und vor allem schlechter verwertet werden können – das hängt mit der inneren Uhr (Chronobiologie) des Körpers zusammen, sodass Kohlenhydrate im Abendessen den Glukosespiegel teils um das 10-Fache erhöhen und damit zu einer Insulinüberproduktion führen. Für Basenfasten interessant sind die Forschungsergebnisse um Dr. med. Fautek (Schwerpunkt Chronobiologie): Diese Insulinüberproduktion wird vermieden, wenn man auf den üblichen Mix aus Kohlenhydraten und Eiweiß verzichtet. Das heißt, Kartoffeln mit etwas Gemüse oder eine Kartoffelsuppe am Abend werfen den Blutzuckerspiegel nicht aus der Bahn.

▶ Provençalische Ofenkartoffeln »La ratte«

KARTOFFELGERICHTE

Provençalische Ofenkartoffeln »La ratte«

Lecker mit fast jedem Gemüse. (Foto siehe S. 99)

▶ Für 2 Personen
Anhaltspunkte: 20 grüne
◔ 35 Min.
10 kleine Kartoffeln (die Sorte La Ratte oder Bamberger Hörnchen eignen sich besonders gut, gibt es auf dem Wochenmarkt) · 1 EL Olivenöl · Fleur de Sel · Kräuter der Provence

- Die Kartoffeln mit der Gemüsebürste unter fließendem Wasser gut abreiben und halbieren. Die Kartoffeln mit der Schnittfläche nach oben auf ein mit Backpapier ausgelegtes Backblech legen. Die Kräuter der Provence und das Fleur de Sel mit dem Olivenöl vermischen und auf die Schnittflächen der Kartoffeln streichen
- Im Backofen bei 190 Grad (Umluft 170 Grad) je nach Größe der Kartoffeln etwa 25 Min. kross backen.

Schwenkkartoffeln mit frischen Kräutern

Schnell und unkompliziert.

▶ Für 2 Personen
Anhaltspunkte: 20 grüne
◔ 25 Min.
10 mittelgroße Kartoffeln · 1 Bund Wildkräuter oder 1 Handvoll frische gemischte Kräuter · 2 EL Sonnenblumenöl · 1 EL Kräutersalz · frisch gemahlener schwarzer Pfeffer

- Die Kartoffeln waschen, schälen, in Schnitze schneiden und im Gemüsedämpfer garen. Die Kräuter waschen und klein hacken. Das Öl vorsichtig erhitzen und die Kartoffeln darin schwenken. Mit Kräutersalz und Pfeffer würzen und servieren.

▶ Variante
Dieses Rezept schmeckt auch lecker, wenn Sie die Kartoffeln in etwas Butter schwenken. Immer noch recht basisch – gibt nur 1 roten Punkt dazu!

Pellkartoffeln mit Wildkräuterquark

Der Klassiker – macht satt und schmeckt.

▶ Für 2 Personen
Anhaltspunkte: 18 grüne, 2 rote
◔ 25 Min.
10 mittelgroße Kartoffeln · ½ Bund Wildkräuter · 250 g Sahnequark (40%) · 1 EL Sesamsalz · 1 TL Schwarzkümmelsamen · frisch gemahlener schwarzer Pfeffer · ½ Schälchen Kresse

- Die Kartoffeln waschen, schälen und mit der Schale im Gemüsedämpfer garen. Die Wildkräuter waschen und fein hacken.
- Den Quark mit dem Sesamsalz würzen. Schwarzkümmel dazugeben und den Pfeffer darübermahlen. Die Kräuter unter die Quarkmasse heben und durchziehen lassen.
- Die Kresse abbrausen, mit einer Schere abschneiden und über den Wildkräuterquark streuen.

Tipp
Stellen Sie davon eine doppelte Portion her – dieser Quark schmeckt auch am nächsten Tag im Büro – auf einer Scheibe Vollkornbrot. Geben Sie etwas frische Kresse darüber oder einige Radieschensprossen und schon sind Ihnen Vitamine und Basen trotz Zeitmangel sicher.

KARTOFFELGERICHTE

Pellkartoffeln mit Olivencreme

Schmeckt nach Süden und ist ganz basisch.

▶ Für 2 Personen
Anhaltspunkte: 20 grüne
⊙ 25 Min.
10 mittelgroße Kartoffeln · 1 Glas Olivencreme (von verschiedenen Bioanbietern und in italienischen Feinkostgeschäften)

- Die Kartoffeln waschen und mit der Schale im Gemüsedämpfer garen – dauert nur wenige Minuten. Die Kartoffeln schälen, halbieren und die Olivencreme darüberstreichen.

Kartoffelbrei mit Kräutern der Provence

Dazu ein leckeres Pilzragout – hmm!

▶ Für 2 Personen
Anhaltspunkte: 20 grüne
⊙ 20 Min.
6 große Kartoffeln · 1 Handvoll Kräuter der Provence (Thymian, Oregano, Majoran, Rosmarin oder was Sie an südlichen Kräutern im Garten oder auf dem Balkon haben) · 1 Gemüsebrühwürfel · 2 EL Olivenöl

- Die Kartoffeln waschen und im Gemüsedämpfer garen. Die Kartoffeln schälen und stampfen oder durch die Spätzlepresse drücken.
- Die Kräuter waschen, abtropfen lassen und mit dem Wiegemesser klein hacken. ½ l Wasser erhitzen, den Brühwürfel darin auflösen und ein Drittel der Gemüsebrühe zusammen mit den Kräutern und dem Olivenöl unter die Kartoffelmasse rühren. Nach und nach die restliche Gemüsebrühe unterrühren, bis die Masse schön breiig ist.

▶ Variante
Schmeckt auch lecker nur mit Basilikum.

Kartoffel-Butterspätzle

Toll für große und kleine Kinder.

▶ Für 2 Personen
Anhaltspunkte: 20 grüne
⊙ 20 Min.
5 mittelgroße fest kochende Kartoffeln · Kräutersalz · Muskat · 2 EL Butter

- Die Kartoffeln waschen und im Gemüsedämpfer garen. Anschließend pellen und durch die Spätzlepresse drücken. Mit etwas Kräutersalz und Muskat würzen, die Butter in Flöckchen darübergeben und servieren.

▶ Variante
Für den großen Hunger oder wenn Sie nicht abnehmen wollen: Essen Sie die Kartoffelspätzle als Beilage zu einem saisonalen Gemüsegericht.

BASENWUNDER KARTOFFELN

AUFWÄNDIGERE KARTOFFELREZEPTE

Blumenkohl mit Kräutern und Süßkartoffeln

Süßkartoffeln muss man probiert haben.

▶ Für 2 Personen
Anhaltspunkte: 20 grüne
◔ 25 Min.
1 kleiner Blumenkohl · 1 Bund gemischte Kräuter · 1 Süßkartoffel · 2 EL Sesamöl · je etwas Kurkuma, frische Ingwerwurzel · frisch gemahlener schwarzer Pfeffer · gemahlener Bockshornklee

– Den Blumenkohl waschen und die Röschen sehr klein schneiden. Die Kräuter waschen, abtropfen lassen und klein schneiden. Die Süßkartoffel waschen, schälen und in Würfel schneiden.
– Das Sesamöl erhitzen, die Blumenkohlröschen und die Süßkartoffelwürfel darin andünsten und die Gewürze zugeben. Den Ingwer schälen, auf der Ingwerreibe fein reiben und unter das Gemüse mischen. Eine kleine Menge Wasser zugeben, damit das Gemüse ein wenig »Sugo« hat. Gegen Ende der Garzeit die Kräuter untermischen.

Kartoffel-Zwiebel-Gemüse

Schnell und herzhaft!

▶ Für 2 Personen
Anhaltspunkte: 20 grüne
◔ 20 Min.
10 mittelgroße fest kochende Kartoffeln · 2 Zwiebeln · 3 EL Sonnenblumenöl · 1 EL Sesamsalz · frisch gemahlener schwarzer Pfeffer

– Die Kartoffeln mit der Schale im Gemüsedämpfer garen. Die Kartoffeln pellen und der Länge nach in dünne Schnitze schneiden. Die Zwiebeln schälen, in Ringe schneiden, im erhitzten Sonnenblumenöl leicht braun werden lassen und die Gewürze dazugeben.
– Die Kartoffelschnitze kurz dazugeben und in der Zwiebel-Öl-Mischung wälzen.

Tipp
Pellkartoffeln schmecken auch lecker mit Rucolapesto, mit Basilikumpesto oder mit Paprikacreme. Gibt es in Bioläden und Reformhäusern fertig zu kaufen.

Kartoffel-Fenchel-Gemüse

Fenchel passt prima zu Kartoffeln – ruhig mal probieren.

▶ Für 2 Personen
Anhaltspunkte: 20 grüne
◔ 25 Min.
2 kleine Fenchelknollen · 6–8 kleine fest kochende Kartoffeln · 3 Stängel Glattpetersilie · 2 EL Sesam- oder Sonnenblumenöl · 2 EL Sesamsalz · 1 TL Mandelmus oder einige Mandelblättchen

– Fenchel waschen, die äußeren Blätter entfernen und die Knolle halbieren. Kartoffeln waschen und halbieren. Fenchel auf die eine Seite, Kartoffeln auf die andere Seite des Gemüsedämpfersiebes geben und beides 8–10 Min. garen.
– Petersilie waschen, klein schneiden und mit dem Sesamöl, dem Sesamsalz und dem Mandelmus mischen und die Kartoffeln darin wälzen. Die Fenchelhälften auf einem Teller anrichten und die Petersilienkartoffeln darübergeben.

▶ Blumenkohl mit Kräutern und Süßkartoffeln

AUFWÄNDIGERE KARTOFFELREZEPTE

Kartoffel-Mangold-Pfanne mit Schwarzkümmel
Lecker – ganz ohne Fleisch und Co.

▶ **Für 2 Personen**
Anhaltspunkte: 20 grüne
⏱ 25 Min.

2 große Kartoffeln · 1 kleiner Mangold · 2 Lauchzwiebeln · 3 EL Rapsöl · 2 TL Schwarzkümmelsamen · 2 EL Sesamsalz · frisch gemahlener schwarzer Pfeffer

- Kartoffeln waschen, schälen und in kleine Würfel schneiden. Die Lauchzwiebeln waschen, putzen und in feine Ringe schneiden. Die Mangoldblätter waschen und in feine Streifen schneiden.
- Lauchzwiebeln im Öl glasig dünsten. Zuerst die Mangoldstiele, dann nach 2 bis 3 Minuten die Mangoldblätter und Kartoffeln dazugeben und unter Rühren andünsten. Mit etwas Wasser ablöschen. Schwarzkümmel untermischen und mit Pfeffer und Sesamsalz abschmecken.

TIPP

Mangold gehört zu den Rote-Bete-Gewächsen und besonders der rote Mangold erinnert in seinem Aroma auch an Rote Bete. Mangold ist reich an Kalzium, Magnesium, Eisen und Folsäure. Wenn Sie keinen Mangold auf dem Markt finden, können Sie auch Spinat verwenden – die Garzeit ist die gleiche.

Herbstliches Mangold-Kräuterseitling-Gemüse auf einem Bett von Süßkartoffeln
Ich liebe Mangold!

▶ **Für 2 Personen**
Anhaltspunkte: 20 grüne
⏱ 40 Min.

1 große Süßkartoffel · 2 Lauchzwiebeln · 1 Handvoll Kräuterseitlinge (wahlweise auch Egerlinge oder Champignons) · einige Stängel frische Glattpetersilie · 1 kleiner grüner Mangold (gibt es auch rotstielig) · 3 EL Sonnenblumenöl · 2 – 3 EL Sesamsalz · frisch gemahlener schwarzer Pfeffer

- Die Süßkartoffel waschen, schälen und in 2 – 3 cm große Würfel schneiden. Die Süßkartoffelwürfel im Gemüsedämpfer garen. Vorsicht: Durch die geringe Wassermenge kocht das Wasser sehr schnell und die Süßkartoffeln werden im Dampf innerhalb von wenigen Minuten gar.
- Die Lauchzwiebeln waschen, putzen und in feine Ringe schneiden. Die Kräuterseitlinge falls nötig mit Küchenkrepp abreiben und klein schneiden. Die Glattpetersilie waschen und mit einem Wiegemesser fein schneiden. Den Mangold putzen, gründlich waschen und in Streifen schneiden, dabei die Stiele und Blätter getrennt legen.
- Die Lauchzwiebeln im Öl glasig dünsten. Zuerst die Mangoldstiele, dann nach 2 bis 3 Minuten die Mangoldblätter dazugeben und unter Rühren dünsten. Nach wenigen Minuten die Kräuterseitlinge dazugeben und weiterdünsten – evtl. mit 1 – 2 Esslöffeln Wasser ablöschen. Die Gemüsemischung mit Sesamsalz und Pfeffer abschmecken. Am Ende der Garzeit die Glattpetersilie dazugeben und umrühren – nicht weiter erhitzen, so bleiben die Vitalstoffe der Petersilie vollständig erhalten.
- Die Süßkartoffeln auf einem Teller so anrichten, dass sie den Tellerboden bedecken. Das Mangold-Kräuterseitling-Gemüse so darüberlegen, dass es in der Mitte des Tellers liegt.

Staudensellerie mit Kartoffeln und Rucola

Leckeres im Frühling und Sommer.

▶ **Für 2 Personen**
Anhaltspunkte: 20 grüne
⊙ **25 Min.**

2 große Kartoffeln · 3 Stängel Staudensellerie · 1 Handvoll Rucola · 3 EL Sonnenblumenöl · 2 EL Sesamsalz · frisch gemahlener schwarzer Pfeffer

- Die Kartoffeln waschen, schälen und in 2–3 cm große Würfel schneiden. Sellerie putzen, waschen, in feine Scheibchen schneiden und mit den Kartoffeln im Gemüsedämpfer garen.
- Rucola waschen und abtropfen lassen. Rucola im Öl vorsichtig erwärmen. Die Gewürze dazugeben und mit dem Kartoffel-Sellerie-Gemüse vermischen.

Getreidevielfalt

Sich basenreicher zu ernähren heißt auch, allmählich von dem ewig gleichen und langweiligen Säurebildnern wegzukommen. Jenseits von Brot, Brötchen, Hartweizennudeln, Pizza und Kuchen bietet die Getreidewelt eine geschmackliche und gesundheitliche Vielfalt, die entdeckt zu werden lohnt. Allein schon, wenn Sie jeden Tag eine andere Getreidesorte essen, wie z. B. Brot mit Gerste, Müsli mit Hirse, Quinotto oder Dinkelnudeln, bereichern Sie dadurch Ihren Speiseplan und sichern gleichzeitig auch die Vitalstoffzufuhr.

Entdecken Sie die Vielfalt der Getreide

Die Tatsache, dass Weizen das zum Backen am besten geeignete Getreide ist, hat dazu geführt, dass man in den letzten 100 Jahren sein Saatgut immer stärker verändert hat, um es möglichst resistent gegen Schädlinge und Fäulnis zu machen. Einige Forscher vermuten daher, dass die Zunahme von Weizenunverträglichkeiten, aber auch die Zunahme an Glutenunverträglichkeiten (im Klebereiweiß) darauf gründen. Wenn Sie einen empfindlichen Darm haben oder eine Unverträglichkeit auf Gluten und daher auf Getreidemahlzeiten mit Blähungen, Schmerzen oder anderen Befindlichkeitsstörungen reagieren, dann sollten Sie glutenfreie Getreidearten bevorzugen. Glutenfrei sind

- Reis
- Hirse
- Braunhirse
- Mais
- Amaranth
- Quinoa

◀ Grünkernsalat mit Paprika und Zucchini

Doch auch wenn Sie Weizen bestens vertragen, sollten Sie aus dem reichhaltigen Getreideangebot der Natur schöpfen – jedes Getreide bietet etwas andere Vitalstoffe. Am meisten Vitalstoffe enthalten Backwaren aus Vollkorn. Als Vollkorn bezeichnet man ein Getreide immer dann, wenn es aus dem ganzen Korn besteht und noch die mineralienreichen Randschichten enthält.

In Reformhäusern und gut geführten Bioläden erhalten Sie stets eine große Auswahl an Broten und Teigwaren, die aus verschiedenen Getreidesorten bestehen und überwiegend aus Vollkorn sind. Darüber hinaus finden Sie dort eine fachkundige Beratung darüber, welche Getreidearten sich im Brot befinden. Übrigens: Auch Dinkelbrote sind nicht immer aus dem vollen Korn, auch sie sind immer häufiger aus Auszugsmehlen gemacht und damit weniger wertvoll. Obwohl Getreide und Getreideprodukte für viele Menschen Hauptnahrungsmittel sind, kommen die meisten nicht über den Verzehr von Weizen hinaus. Vielen ist sogar gar nicht bewusst, dass alles, was sie an Brot, Gebäck und Teigwaren verzehren, immer nur Weizen ist.

Alte Getreidesorten sind im Kommen

Weizen gehört neben Gerste wohl zu den ältesten Getreidearten der Welt – man weiß, dass es im alten Persien und Ägypten angebaut wurde. Damals wurden die Arten Einkorn, Emmer und Dinkel angebaut. Auch Kamut, eine Weizenart, stammt ursprünglich aus Ägypten. Vom Emmer, den man heute wieder zu kaufen bekommt, stammt der Hartweizen ab, aus dem Teigwaren hergestellt werden (Nudeln aus Hartweizengrieß). Zur Dinkelreihe gehört der heutige Saatweizen oder Nacktweizen – aus dem immer wieder neue Arten gezüchtet werden. In den vergangenen Jahren sind dank der sich ausbreitenden Bioszene die alten Weizenarten wie Einkorn, Emmer, Kamut und Dinkel wieder populär geworden und erweisen sich vor allem bei magen- und darmempfindlichen Menschen als gute Alternative zu den neuen Züchtungen. Ein Brot aus Kamut, Emmer, Einkorn oder Dinkel, auch Dinkelgrieß oder Kamutgrieß, erhalten Sie in gut sortierten Reformhäusern und Bioläden. Weizen und Roggen sind wesentlich stärker säurebildend und schwerer verdaulich als die alten Weizenarten Dinkel, Emmer, Einkorn und Kamut. Und nicht jedes Getreide ist gleich sauer, die Säurewirkung nimmt von oben nach unten ab:

Getreidevielfalt

- Weißmehlprodukte aus Weizen
- Weißmehlprodukte aus Dinkel
- Schmelzflocken und ähnliche Flocken
- polierte Getreide – z. B. weißer Reis

Vollkornprodukte:
- Roggen, Weizen
- Kamut, Emmer
- Gerste, Hafer
- Grünkern
- Mais
- Hirse
- Braunhirse

Grünkern ist unreifer Dinkel

Auch Grünkern ist eine Getreidesorte, die erst wieder durch die aufblühende Bioszene an Bedeutung gewonnen hat. Ich erinnere mich noch, dass meine Mutter öfter mal ein Grünkernsüppchen zubereitet hat – aus geschrotetem Grünkern. Grünkern ist nichts anderes als unreif geernteter Dinkel, weshalb er auch, bei genauem Betrachten ein grünlich schimmerndes Aussehen hat. Der unreife Dinkel wird dann »gedarrt« – zum Trocknen ausgelegt. Grünkern schmeckt recht würzig und kann auch zusammen mit Gemüse zu einer herzhaften Suppe verarbeitet werden. Er ist nicht ganz so gut verdaulich wie der reife Dinkel.

Roggen macht das Brot saftig und haltbar

Neben Weizen ist Roggen ein beliebtes und verbreitetes Getreide. Die Roggenpflanze ist sehr robust, und ihr Korn wird, wie der Weizen, ständig durch Neuzüchtungen verändert. Dennoch liefert Roggen weniger Ertrag als Weizen, weshalb Weizenmehlprodukte sich mengenmäßig durchgesetzt haben. Oft werden im Brot Weizen und Roggen gemischt, denn die absoluten Vorteile des Roggens sind, dass Brote mit Roggenanteil saftiger sind und dadurch nicht so schnell austrocknen wie ein reines Weizenbrot. Denken Sie nur daran, wie schnell Ihnen ein Baguette aus reinem Weizenmehl hart wird. Zudem hat Roggen einen sehr kräftigen Geschmack, während ein reines Weizenauszugsmehlbrot fad schmeckt. Auch weiße Brötchen schmecken doch wie Pappe, wenn Sie ehrlich sind. Und ein Weizenvollkornbrot ist deutlich fader im Geschmack als ein Roggenvollkornbrot. Roggen enthält wie alle Getreide außer Mais einen hohen Kieselanteil, was vor allem Bindegewebe, Haut, Haare und Nägel stärkt. Auch Vitamin A ist reichlich in Roggen enthalten. Von Nachteil ist, dass Roggen schwerer verdaulich ist als Weizen und Weizen wiederum schwerer verdaulich als andere Getreide. Wenn Sie einen empfindlichen Magen-Darm-Trakt haben oder an Verdauungsproblemen leiden, sollten Sie auf leichtere Getreidesorten wie Hirse, Reis, Braunhirse, Hafer, Quinoa, Amaranth und Gerste umsteigen.

Gerste – als Flocken oder im Brot

Die Gerste gehört neben Weizen zu den ältesten Getreidearten der Welt. Sie ist besonders kieselreich und bildet beim Keimen das süße Malz, was in der Bierherstellung genutzt wird. Die Keimlinge der Gerste sind zudem besonders reich an Enzymen. Beliebt ist seit einiger Zeit auch der Saft aus frischem Gerstengras, ein echter Vitalstoffcocktail – nicht zu verwechseln mit dem vergärten Gerstensaft – dem Bier. Gerstengras lässt sich auf der Fensterbank ziehen. Sie können die Gerste aber auch einfach als Gerstenflocken über Ihr Müsli geben.

Gerste gilt als Heilmittel bei Magen-Darm-Erkrankungen und bei Entzündungen und wird als Gerstenschleim – mit Wasser aufgekochte Gerste – verabreicht. Bei den Tibetern ist Gerste in Form von geröstetem Gerstenmehl als Tsampa beliebt. Es dient dort als Grundnahrungsmittel. Wenn Sie sich nun fragen, warum ein Säurebildner ein Grundnahrungsmittel sein kann, müssen Sie Folgendes beachten: Es ist wichtig, nicht die einzelnen Lebensmittel isoliert zu betrachten, sondern die gesamte Ernährungsweise und Lebensweise miteinzubeziehen. In Tibet sind die Lebensbedingungen wesentlich härter als bei uns. Dort, wo Tsampa verzehrt wird, werden dazu nicht Cola, Chips und Currywurst verzehrt. Dazu kommt, dass die Menschen dort schwere körperliche Arbeit verrichten, an die wir hier auch mit dreimal in der Woche Fitnesstraining nicht herankommen. Die Gefahr, dass ein Tibeter sich durch tägliche Gerstenmahlzeiten, die übrigens sehr einfach als Brei gehalten sind, übersäuert, tendiert daher gegen null. Kennen Sie Gerste bislang gar nicht? Trauen Sie sich! Fangen Sie mit Gerstenflocken zum Frühstück an oder kaufen Sie ein Brot mit einem Gerstenanteil. Ein- bis zweimal die Woche ist eine Mahlzeit mit Gerste empfehlenswert.

Reis – am besten Vollkorn

Reis wird überwiegend als weißer Reis verzehrt – auch hier sind die wertvollen Randschichten des Reiskorns entfernt. Sie leben daher nicht heldenhaft gesund, wenn sie besonders viel weißen Reis verzehren. Er ist stärker säurebildend als Vollkornreis und zählt daher zu den schlechten Säurebildnern. Reis besteht zu 75 bis 80 % aus Stärke und enthält, im Gegensatz zu anderen Getreiden, auch im Korn etwas Eiweiß. Reis hat eine besondere Beziehung zum Wasserhaushalt. Er ist besonders natriumarm, was ihm seine entwässernde Eigenschaft verleiht, denn Natrium (Bestandteil des Kochsalzes) bindet Wasser im Gewebe.

Es gibt über 1000 Reissorten – wir unterscheiden meist nur zwischen Langkorn, Mittelkorn und Rundkorn, die es dann jeweils geschält, poliert oder ungeschält gibt. Auch Basmatireis kann geschält oder ungeschält sein. Von poliertem Reis spricht man, wenn nach Entfernen der Samen- und Silberhaut das Reiskorn poliert wird – häufig wird es auch mit Talkum oder Stärkesirup glasiert, damit es glänzt. Zur weiteren »Veredelung« wird das Reiskorn mit verschiedenen Chemikalien gebleicht. Wenn Sie daher – am besten einmal die Woche – ein Gericht mit Reis essen, sollten Sie einen Vollkornreis wählen. Empfehlenswert sind Risotto, Müsli mit Reisflocken oder Reiswaffeln. Für Milchallergiker und Laktoseintolerante ist Reismilch eine gute Alternative. Auch Wildreis ist immer eine leckere Alternative.

Hafer beruhigt den Magen

Hafer ist den meisten Menschen als Haferflocken bekannt. Haferschleim – mit Wasser gekochte Haferflocken – hilft gut bei Magen-Darm-Erkrankungen. Hafer enthält wertvolles Eiweiß und Fett, doch die Haferflockenindustrie hat Hafer so weit bearbeitet, dass von den wertvollen Inhaltsstoffen kaum noch was erhalten ist. Bevorzugen Sie daher Hafer aus biologisch-dynamischem Anbau. Es ist die hochwertigste Form von Hafer, das gilt auch für alle übrigen Getreide. Und Getreide ist auch in dieser hohen Qualität nicht teuer. Die Stärke des Haferkorns enthält verschiedene Kohlenhydrate, von denen eine Gruppe von der Fruktose abgeleitet ist. Hafer hat daher antidiabetische Eigenschaften aufzuweisen. Auch auf den Cholesterinspiegel wirkt sich Hafer günstig aus. Versehen Sie daher Ihr morgendliches Müsli öfter mal mit 2 bis 3 Esslöffel Haferflocken und bevorzugen Sie Brote mit Haferanteil, das es im Bioladen zu kaufen gibt.

Hafermilch ist eine gute Alternative für Menschen, die Kuhmilchprodukte nicht vertragen oder die an Laktoseintoleranz leiden. Allerdings ist Hafermilch für viele Allergiker schwer verdaulich. Zu klären ist auch, ob nicht zusätzlich eine Glutenüberempfindlichkeit besteht. Das Klebereiweiß Gluten ist eben auch in Hafer enthalten. Sie ist erhältlich in Reformhäusern und Bioläden. Auch als grüner Hafertee ist die Pflanze besonders beliebt. Hafer wirkt beruhigend und Hafertropfen fördern den Schlaf (gibt es in der Apotheke unter dem Namen Avena sativa).

Hirse enthält viel Kieselsäure

Hirse hat von den einheimischen Getreidearten das kleinste Korn. Seine harte Schale ist unverdaulich und wird daher immer abgeschält. Das geschälte Korn wird dennoch als Vollkorn bezeichnet – es enthält immer noch viele wertvolle Mineralien, vor allem die Salze der Kieselsäure, die gut für Bindegewebe, Haut, Haare und Nägel sind. Hirse gilt als besonders wärmendes Getreide und ist vielen nur als Hirsebrei bekannt. Es hat keine guten Backeigenschaften, da es glutenfrei ist. Hirse kann man aber sehr gut als Hirsotto zubereiten – mit Gemüse oder mit frischen Steinpilzen ein leckeres Gericht. Der Vorteil gegenüber dem sonst üblichen Risotto ist, dass Hirse eine viel kürzere Garzeit hat. Hirse kochen geht ganz einfach: 1 Tasse Hirse – 2 Tassen Wasser – etwas Kräutersalz – 10–15 Min. kochen und 15 Min. nachquellen lassen – fertig. Legen Sie daher einmal pro Woche einen Hirsetag ein: Hirseflocken zum Müsli oder gekochte Hirse zum Gemüse oder ein Hirsotto.

Braunhirse – reichlich Eisen und Kieselsäure

Man geht derzeit davon aus, dass Braunhirse eine Wildform der Rispenhirse aus dem indischen Raum ist. Die Körner sind braun und kleiner als die uns bekannte Hirse. Sie ist sehr mineralienreich – besonders der Eisen- und Kieselgehalt sowie der Gehalt an bioaktiven Stoffen sind hervorzuheben. Braunhirse wird ungeschält und mit Spelzen gemahlen, was Ernährungs-

Getreidevielfalt

wissenschaftler als bedenklich ansehen, denn sie ist so schlechter verdaulich. Zum einen können die Gerbstoffe im Spelz die Eiweißverdauung stören, zum anderen vermindert die Phytinsäure hier, wie auch in anderen Getreidearten, die Aufnahme von Kalzium und Eisen. Die Braunhirse ist daher ein Getreide, das wie alle anderen, durchaus zu einer vollwertigen Ernährung gehört, solange es nicht ausschließlich verzehrt wird. Am empfehlenswertesten und am besten verdaulich ist sie in frisch gekeimter Form. Das Selbstkeimen (S. 56) von Braunhirse ist ganz leicht – die Keimlinge schmecken lecker im Salat oder morgendlichen Müsli.

Teff – Zwerghirse

Ist eine Getreideart, die in Äthiopien ein Grundnahrungsmittel ist. Dort wird Teff zur Herstellung des Nationalgerichts Injera, einer Art Fladenbrot, verwendet. In Deutschland ist Teff noch recht unbekannt, gewinnt aber zunehmend an Bedeutung, da Teff glutenfrei ist und damit für Menschen mit Zöliakie eine weitere Getreidealternative bildet. Teff habe ich bislang nur in Bioläden entdeckt.

Mais ist das nährstoffärmste Getreide

Auch Mais zählt zu den Getreidearten, obwohl die Maispflanze kaum Ähnlichkeit mit anderen Getreidearten hat. Mais ist das einzige kieselarme Getreide und verfügt neben Vitamin A über keine nennenswerten Inhaltsstoffe. Mais liefert viel Stärke und schmeckt süßer als andere Getreide. Mais ist beliebt als Polenta, in Mexiko isst man Tortillas aus Mais, in der Türkei Kukuruz. Mais gehört nicht zu den Getreiden, die man unbedingt verzehren muss, kann aber – abgesehen von Cornflakes – durchaus als guter Säurebildner bezeichnet werden. Mais können Sie auch als Kolben zubereiten: Man kocht den Maiskolben, gibt etwas Butter und Kräutersalz dazu und knabbert den Kolben ab. Leckeres Rezept für Kinder!

Getreide on the top: getrocknete Keimlinge

Aus dem Reformhaus kennen Sie vielleicht Goldkeimlinge aus Hirse, Dinkel oder Roggen. Der Keimprozess von Goldkeimlingen wird optimal überwacht und sie werden anschließend schonend getrocknet. Dadurch haben sie einen optimalen Gehalt an Vitaminen, essenziellen Aminosäuren, Enzymen, Coenzymen und Mineralien (www.goldkeimlinge.de).

Ein Hit unter den Keimlingen sind Quinoa-Keimlinge. Beim Keimen wächst in Quninoa, das schon in ungekeimter Form extrem vitalstoffreich ist, der Gehalt an B-Vitaminen um ein Vielfaches. Auch der Ballaststoffanteil, der Anteil an Mineralien und Spurenelementen sowie der Gesamteiweißgehalt wird während des Keimens größer. Dabei vergrößert sich auch die Bioverfügbarkeit.

Pseudogetreide – die glutenfreie Alternative zu Weizen und Co.

Als Pseudogetreide bezeichnet man Körner, die in der Küche als Getreideersatz verwendet werden und sowohl im Aussehen als auch im Geschmack Ähnlichkeiten mit Getreide aufweisen. Beliebt sind die Pseudogetreide bei uns geworden, weil sie glutenfrei sind. Sie sind daher für Magen- und Darmempfindliche sowie für Menschen mit Glutenüberempfindlichkeit (Zöliakie, Sprue, glutensensitive Enteropathie) ein optimaler Getreideersatz.

Die Körner von Pseudogetreidearten sind kleiner als die meisten Getreidekörner, doch sie enthalten auch einen entsprechenden Stärkeanteil, der sie zu leichten und somit guten Säurebildnern macht. Wegen des fehlenden Glutens sind sie zum Brotbacken ungeeignet und werden als Breie, Grütze oder gekocht verzehrt. Pseudogetreide haben meist einen höheren Eiweißanteil und enthalten mehr Vitalstoffe als Getreide. Die Körner sind kleiner und entsprechend mehr vitalstoffreiche Hüllen enthält das Pseudogetreide.

Buchweizen senkt den Blutzucker

Obwohl Buchweizen als »Weizen« bezeichnet wird, gehört er botanisch zu den Knöterichgewächsen. Bei Theodor Storm wird er als türkischer Weizen bezeichnet. Buchweizen wird wie Mais als Polenta verwendet – bei den Italienern als »grano saraceno« bekannt. Auch Pfannkuchen aus Buchweizenmehl sind beliebt. Buchweizen hat übrigens blutzuckersenkende Eigenschaften.

Quinoa – reichlich Eiweiß, Eisen und Magnesium

Quinoa ist ein in den vergangenen Jahren wieder entdecktes Pseudogetreide aus Südamerika. Es gehört botanisch wie Amaranth zu den Fuchsschwanzgewächsen und hat sehr kleine, senfkorngroße Samen. Quinoa ist besonders mineralienreich und verfügt über einen höheren Eisen- und Magnesiumgehalt als echte Getreide. Auch sein Eiweißgehalt ist deutlich höher als bei den echten Getreidearten. Er liegt bei ca. 15 %. Sein hoher Eisengehalt verleiht ihm den kräftigen und herzhaften Geschmack, den ich persönlich sehr schätze, denn Sie benötigen wesentlich weniger Würzmittel als bei Reis oder Hirse. Wissenschaftler warnen bisweilen davor, zu viel Quinoa könne die Darmschleimhaut von Kleinkindern reizen, da die Schale bitter schmeckende Saponine enthält. Für ältere Kinder und Erwachsene bestehe keine Gefahr. Hinweise, dass es zu solchen Reizungen gekommen ist, gibt es bislang keine. Meine Empfehlung: ein Quinoa-Gericht pro Woche – beispielsweise als Quinotto (S. 118).

Amaranth – lecker im Müsli

Amaranth zählt zur Familie der Fuchsschwanzgewächse und ist besonders beliebt im morgendlichen Müsli. Obwohl die Müslimischungen meist mit Honig, Palmfett und anderen Zutaten versetzt sind, ist Amaranth als Grundlage der Mischung für Darmempfindliche besser verträglich als ein Müsli mit Hafer-, Dinkel- oder Gerstenflocken. Amaranth wird auch als Pops angeboten. Sicher nicht die gesündeste Form, Amaranth zu verzehren, aber besser als ein Brot mit Schokocreme zum Frühstück. Amaranth ist glutenfrei und bereichert auch die Getreideküche glutenempfindlicher Menschen. Amaranth zeichnet sich durch seinen hohen Gehalt an essenziellen Eiweißen und Mineralien aus, insbesondere Eisen, Kalzium, Magnesium und Zink. Die wenigen Fette bestehen zu 70 % aus ungesättigten Fettsäuren. Durch den Gerbstoffgehalt ist es für Kleinkinder und Säuglinge nicht zu empfehlen. Für Kinder und Erwachsene dürfen es ruhig einige Amaranthfrühstücke in der Woche sein. Das ist in jedem Fall gesünder als Cornflakes mit Zucker.

Überhaupt ist es empfehlenswert, die Getreide- und Pseudogetreidearten in Müslis öfter mal zu wechseln. So kommt Getreidevielfalt auf den Frühstückstisch.

MAIS, GERSTE

Junger Spinat mit Polentaschnittchen
Das mögen auch Ihre Kinder!

▶ Für 2 Personen
Anhaltspunkte: **18 grüne, 2 rote**
⏲ 35 Min.

300 g junger Spinat · 1 große Karotte · 150 g Steinchampignons (wahlweise Champignons) · 1 Schalotte · 2 EL Sonnenblumenöl · 2 EL Sesamsalz · frisch gemahlener schwarzer Pfeffer · Paprikapulver · Kurkuma · 250 g Polenta · ½ l Gemüsebrühe (aus 1 Gemüsebrühwürfel) · 2 EL Rapsöl · einige Stängel Glattpetersilie

- Die Spinatblätter gründlich waschen und abtropfen lassen. Die Karotte mit der Gemüsebürste unter fließendem Wasser abbürsten und klein raspeln. Die Steinchampignons mit Küchenkrepp abreiben und in dünne Scheiben schneiden.
- Die Schalotte abziehen, klein würfeln und in dem Öl glasig dünsten. Die Spinatblätter, die Steinchampignons und die Karottenraspel dazugeben und einige Min. dünsten.
- Petersilie waschen und klein schneiden. Polenta und Petersilie in die kochende Brühe geben und 5 Min. auf niedriger Stufe kochen lassen, von der Kochstelle nehmen und 20 Min. nachquellen lassen. Polenta in eine eckige Form streichen – Höhe etwa 1,5 bis 2 cm – und, sobald sie erkaltet ist, in Rauten oder Rechtecke schneiden.
- Die Polentaschnittchen im Öl von beiden Seiten kurz anbraten und zusammen mit dem Spinat servieren.

Tipp
Wenn es schnell gehen muss, können Sie die Polenta auch ungebraten verzehren. Die fertigen Polentaschnitten können auch auf Vorrat hergestellt werden, denn sie schmecken auch kalt ganz lecker.

Sommerliche Gemüsesuppe mit Gerste
Minestrone mal etwas anders!

▶ Für 2 Personen
Anhaltspunkte: **19 grüne, 1 roter**
⏲ 45 Min. + 8 Stunden Einweichzeit

½ Tasse Gerste · 1 Tasse Wasser · Meersalz · 1 Handvoll grüne Bohnen · 1 mittelgroße Karotte · Kartoffeln · 1 kleine Zucchini · 1 kleine rote Zwiebel · 1 EL Olivenöl · ¾ l Gemüsebrühe (aus 1 Gemüsebrühwürfel) · frisch gemahlener weißer Pfeffer · einige Stängel Glattpetersilie · Meersalz

- Die Gerste am Vorabend im Wasser einweichen und am nächsten Tag in dem Wasser 30 Min. kochen. Die Gerste verträgt noch gut eine längere Nachquellzeit, weshalb Sie sie schon gleich morgens kochen können. Nach dem Kochen etwas Meersalz dazugeben.
- Die Enden der Bohnen abschneiden, die Bohnen waschen und halbieren. Die Karotte unter fließendem Wasser mit der Gemüsebürste säubern. Die Kartoffeln waschen, schälen und vierteln. Den Strunk der Zucchini entfernen, die Zucchini waschen und in Scheiben schneiden.
- Die Zwiebel abziehen, klein schneiden und im Olivenöl kurz andünsten. Die geschnittenen Gemüse dazugeben und mit etwas Wasser ablöschen. Die Gemüsebrühe zur Gemüsemischung geben und alles ca. 15 Min. lang garen. Mit den Gewürzen abschmecken, die Gerste dazugeben und servieren.

▶ Junger Spinat mit Polentaschnittchen

MAIS, GERSTE

GETREIDEVIELFALT

Grünkernsalat mit Paprika und Zucchini

Ein herrlicher Sommersalat.
(Foto siehe S. 107)

▶ **Für 2 Personen**
Anhaltspunkte: 19 grüne, 1 roter
⌕ 55 Min.

1 kleine Tasse Grünkern · 1 rote und 1 gelbe Paprika · 2 kleine Zucchini · 1 Handvoll schwarze Oliven (ungefärbt) · 2 EL Olivenöl · Kräutersalz · frisch gemahlener schwarzer Pfeffer · ein paar Rosmarinnadeln

- Grünkern in der doppelten Menge Wasser zum Kochen bringen und 40 Min. lang kochen.
- Die Paprika waschen, den Strunk herausschneiden und die Paprika in dünne Streifen schneiden. Die Zucchini waschen, halbieren und in dünne Streifen schneiden. Das Olivenöl erhitzen, die Paprikastreifen und die Zucchinistreifen darin vorsichtig andünsten und die Gewürze dazugeben.
- Die schwarzen Oliven und die Rosmarinnadeln gegen Ende der Garzeit dazugeben und den gegarten Grünkern untermischen. Schmeckt kalt auch lecker!

Sommergemüse mit Hirsenudeln

So lecker wie beim Italiener.

▶ **Für 2 Personen**
Anhaltspunkte: 18 grüne, 2 rote
⌕ 20 Min.

1 mittelgroße Zucchini · 10 reife Kirschtomaten · 1 mittelgroße Zwiebel · 3 EL Olivenöl · 1 Handvoll schwarze ungefärbte Oliven · 250 g Hirsenudeln (Reformhaus, Bioladen) · Meersalz · einige Blätter Basilikum · Kräutersalz · frisch gemahlener schwarzer Pfeffer

- Die Zucchini waschen, putzen und in dünne Steifen schneiden. Die Tomaten waschen und halbieren. Die Zwiebel abziehen und klein schneiden. Zwiebel und Zucchini mit dem Kräutersalz und dem Pfeffer im Olivenöl andünsten. Mit etwas Wasser ablöschen und etwa 10 Min. garen. Die Tomaten wenige Minuten mitdünsten, die Oliven halbieren und dazugeben.
- Die Hirsenudeln nach Packungsanweisung in Meersalzwasser kochen. Das Sommergemüse untermischen und servieren.

Mediterranes Gemüse mit Gnocchi

Hmmm, bella Italia!

▶ **Für 2 Personen**
Anhaltspunkte: 17 grüne, 3 rote
⌕ 20 Min.

2 kleine Zucchini · 4 mittelgroße Tomaten · 2 kleine Zwiebeln · 2 EL Olivenöl · Fleur de Sel · frisch gemahlener schwarzer Pfeffer · Kräuter der Provence · 1 Handvoll ungefärbte schwarze Oliven · 250 g Gnocchi (möglichst aus dem Bioladen) · Meersalz · 2 EL Parmesan

- Die Zucchini waschen, die Stielansätze entfernen und die Zucchini grob raspeln. Die Tomaten mit kochendem Wasser überbrühen, häuten und vierteln – Stielansätze entfernen. Die Zwiebeln abziehen, halbieren und in Ringe schneiden.
- Das Olivenöl erhitzen und die Zwiebeln und die Zucchini darin andünsten. Mit etwas Wasser ablöschen und mit Fleur de Sel, Pfeffer und den Kräutern der Provence würzen. Bei schwacher Hitze etwa 10 Min. garen und am Ende der Garzeit die Tomaten dazugeben.
- Gnocchi nach Packungsanweisung in Salzwasser kochen. Zusammen mit dem mediterranen Gemüse auf zwei Teller verteilen und mit Parmesan bestreut servieren.

Sommerliches Hirsotto

Warm oder kalt – alle Varianten sind köstlich.

▶ **Für 2 Personen**
Anhaltspunkte: 19 grüne, 1 roter
⏲ 30 Min.

2 Tassen Wasser · 1 Gemüsebrühwürfel · 1 Tasse Hirse · 2 kleine Zucchini · 12 reife Kirschtomaten · 2 kleine Zwiebeln · 2 EL Olivenöl · Meersalz · frisch gemahlener schwarzer Pfeffer · 1 Handvoll schwarze, ungefärbte Oliven · einige Stängel frischer Basilikum

- Das Wasser mit dem Gemüsebrühwürfel zum Kochen bringen. Die Hirse dazugeben und etwa 10 Min. kochen. Hirse von der Kochstelle nehmen und 10–15 Min. im heißen Kochtopf nachquellen lassen.
- Die Zucchini waschen, putzen und grob raspeln. Die Tomaten waschen und halbieren. Die Zwiebeln abziehen, halbieren und in Ringe schneiden. Das Olivenöl erhitzen und die Zwiebel und die Zucchini darin andünsten. Mit etwas Wasser ablöschen und mit Meersalz und Pfeffer würzen. Bei schwacher Hitze etwa 10 Min. garen. Am Ende der Garzeit die Tomaten und die gewaschenen und klein gezupften Basilikumblätter dazugeben.
- Die gekochte Hirse mit dem sommerlichen Gemüse vermischen und heiß, lauwarm oder kalt servieren.

Polenta mit Lauch-Karotten-Ragout

Polenta ist etwas Herrliches.

▶ **Für 2 Personen**
Anhaltspunkte: 18 grüne, 2 rote
⏲ 40 Min.

250 g Polenta · einige Stängel Glattpetersilie · ½ l Gemüsebrühe (aus 1 Gemüsebrühwürfel) · 2 Stangen Lauch · 2 mittelgroße Karotten · Brunnenkresse · 2 EL Sesamöl · Kräutersalz · frisch gemahlener weißer Pfeffer · 1 Prise Koriander · 1 Prise Muskatnuss

- Polenta und die gewaschene und klein gehackte Glattpetersilie in die kochende Brühe geben und 5 Min. auf niedriger Stufe kochen lassen. Dann von der Kochstelle nehmen und 20 Min. nachquellen lassen.
- Den Lauch gründlich waschen, putzen und in dünne Streifen schneiden. Die Karotten waschen, mit der Gemüsebürste waschen und in kleine Stifte schneiden. Die Brunnenkresse waschen, abtropfen lassen und klein schneiden.
- Lauch und Karotten im Gemüsedämpfer wenige Minuten al dente garen. Das kalte Sesamöl mit den Gewürzen mischen und das gegarte Gemüse darin wälzen. Polenta in zwei kleine Puddingformen füllen, auf Teller stürzen und das Gemüse über dem Polentapudding verteilen.

Karotten-Spinat-Hirsotto

Schmeckt an heißen Tagen auch als Salat.

▶ **Für 2 Personen**
Anhaltspunkte: 19 grüne, 1 roter
⏲ 35 Min.

1 Gemüsebrühwürfel · 1 Tasse Hirse · 4 Karotten · 1 kleine Zwiebel · 250 g junger Spinat · 2 EL Sonnenblumenöl · frisch gemahlener schwarzer Pfeffer · Kurkuma · ½ Gemüsebrühwürfel · 1 EL Sesamsalz · frische Glattpetersilie

- 2 Tassen Wasser mit dem Gemüsebrühwürfel zum Kochen bringen. Die Hirse dazugeben und etwa 10 Min. kochen. Hirse von der Kochstelle nehmen und 10–15 Min. im heißen Kochtopf nachquellen lassen.
- Die Karotten mit der Gemüsebürste abbürsten und in 1–1,5 cm breite Stifte schneiden. Die Zwiebel abziehen und fein würfeln. Den Spinat waschen und putzen. Die Zwiebel im Öl vorsichtig andünsten. Karotten dazugeben, kurz erhitzen, den ½ Gemüsebrühwürfel in etwas Wasser auflösen und das Gemüse damit ablöschen. Die klein gezupften Spinatblätter zugeben und alles noch einige Min. bei mittlerer Hitze dünsten. Hirse mit dem Gemüse vermischen und mit der Petersilie dekorieren.

HIRSE, DINKEL

GETREIDEVIELFALT

Hirse-Zucchini-Spaghetti mit Steinpilzragout

Im Sommer und Herbst ein edles Gericht.

▶ **Für 2 Personen**
Anhaltspunkte: *18 grüne,* *2 rote*
⊙ **35 Min.**

250 g Hirsespaghetti (Reformhaus oder Bioladen) · Meersalz · 2 mittelgroße, gerade Zucchini · 1 kleine Zwiebel · ¼ l Gemüsebrühe · 2 mittlere oder 1 großer Steinpilz (wahlweise Kräuterseitling) · 6 Cocktailtomaten · 4 EL Olivenöl · frisch gemahlener schwarzer Pfeffer · einige Stängel frischer Basilikum · Kräutersalz

- Wasser mit etwas Salz zum Kochen bringen und die Hirsenudeln nach Packungsanweisung darin kochen.
- Die Zucchini waschen und mithilfe der Gemüsespaghettimaschine zu Spaghetti verarbeiten. Die Zwiebel abziehen, klein schneiden und die Hälfte im Olivenöl andünsten. Die Zucchinispaghetti dazugeben, etwas Gemüsebrühe hinzufügen und unter ständigem Rühren weiter dünsten.
- Die Steinpilze mit einem Pinsel oder Küchenkrepp abreiben und klein schneiden. Die Tomaten waschen und halbieren. Die Basilikumblätter waschen und klein schneiden. In einem anderen Topf die andere Hälfte der Zwiebeln in etwas Olivenöl glasig dünsten und die Steinpilzstücke dazugeben. Mit etwas Gemüsebrühe ablöschen, die Tomatenhälften und den Basilikum dazugeben und würzen.
- Die Zucchinispaghetti unter die Hirsespaghetti mischen, auf einen Teller anrichten und das Steinpilzragout darüber verteilen.

▶ **Variante**
Sie benötigen zu diesem Rezept eine Gemüsespaghettimaschine (»Spirali«) – Sie können die Zucchini auch in sehr dünne, lange Sreifen schneiden, was etwas mühsamer ist, aber auch problemlos funktioniert.

◀ Hirse-Zucchini-Spaghetti mit Steinpilzragout

Dinkelnudeln mit Kohlrabi, Karotten und Spinat

So lecker wie Weizennudeln, aber bekömmlicher.

▶ **Für 2 Personen**
Anhaltspunkte: *18 grüne,* *2 rote*
⊙ **40 Min.**

250 g Dinkelnudeln · Meersalz · 2 kleine Kohlrabi · 2 kleine Karotten · ½ Schalotte · 2 Handvoll kleine Spinatblätter · 2 EL Sonnenblumenöl · ½ Gemüsebrühwürfel · Kräutersalz · frisch gemahlener weißer Pfeffer · 8 frische Walnüsse

- Die Dinkelnudeln in einem Topf nach Packungsanweisung in Salzwasser kochen. Die Kohlrabi waschen und schälen. Die Karotten mit der Gemüsebürste unter fließendem Wasser säubern. Kohlrabi und Karotten in 1 – 1,5 cm breite Stifte schneiden.
- Die Schalotte abziehen und fein würfeln. Den Spinat waschen und putzen. Das Sonnenblumenöl erhitzen und die Schalotte vorsichtig darin glasig dünsten. Die Kohlrabi- und Karottenstifte dazugeben und unter Rühren kurz erhitzen. Den halben Gemüsebrühwürfel in etwas Wasser auflösen und das angedünstete Gemüse damit ablöschen.
- Die klein gezupften Spinatblätter dazugeben und alles noch einige Min. bei mittlerer Hitze dünsten. Machen Sie die Garprobe mit einem Messer. Das Gemüse soll nicht zerkocht sein.
- Die Walnüsse aus den Schalen nehmen, klein brechen und über die fertige Gemüsemischung geben. Das Kohlrabi-Karotten-Gemüse unter die Nudeln mischen und servieren.

▶ **Variante**
Wenn Sie gerade keine Walnüsse zur Hand haben, können Sie auch Mandelstifte oder Sonnenblumenkerne verwenden. Gibt es gerade keinen Spinat, nehmen Sie einfach Mangold.

Quinoa, Buchweizen

Quinotto mit Steinpilzen
Ein herbstlicher Hochgenuss.

▶ Für 2 Personen
Anhaltspunkte: 18 grüne, 2 rote
⊙ 25 Min.

250 g Quinoa · 750 ml Gemüsebrühe (aus 2 Gemüsebrühwürfeln) · 2 Stängel Glattpetersilie · 1 mittelgroße Karotte · 1 kleine Schalotte · Kerbel · Schnittlauch · 2–3 mittelgroße Steinpilze · 2 EL Sonnenblumenöl

- Quinoa in 500 ml Gemüsebrühe 10 Min. garen und 10–15 Min. nachquellen lassen. Die Petersilie waschen, hacken und gegen Ende der Garzeit dazugeben. Die Karotte mit der Gemüsebürste säubern und in sehr feine Stifte schneiden.
- Die Schalotte abziehen und klein schneiden. Die Kräuter waschen und klein schneiden. Pilze mit Küchenkrepp abreiben, fein schneiden und mit den Schalotten und der Karotte 3–4 Min. im Öl anbraten. Mit etwas Gemüsebrühe aufgießen, dann die Kräuter dazugeben und unter das Quinotto mischen.

Karotten-Schwarzwurzel-Gemüse mit Buchweizen
Ein echter Spargelersatz im Winter.

▶ Für 2 Personen
Anhaltspunkte: 18 grüne, 2 rote
⊙ 45 Min.

5 mittelgroße Stangen Schwarzwurzeln · 1 Bund junge Karotten · 1 l Gemüsebrühe · 2 Frühlingszwiebeln · 2 EL Sonnenblumenöl · 1 Tasse Buchweizen · 1 Schälchen Gartenkresse · frisch gemahlener weißer Pfeffer · Kräutersalz

- Die Schwarzwurzeln mit Handschuhen schälen, putzen und in 6–8 cm lange Stücke schneiden. Die Karotten mit der Gemüsebürste reinigen und klein schneiden. Die Schwarzwurzeln in der Gemüsebrühe 15–20 Min. garen. Die Frühlingszwiebeln waschen, putzen, klein schneiden und im Öl glasig dünsten. Die Karotten und die Gewürze dazugeben, mit etwas Gemüsebrühe ablöschen und bei mittlerer Hitze 10 Min. garen.
- Den Buchweizen in 2 Tassen Wasser mit etwas Salz ca. 15 Min. kochen, vom Herd nehmen und ca. 15 Min. nachquellen lassen. Die Schwarzwurzeln unter die Karotten und den Buchweizen mischen und mit Kresse bestreut servieren.

Quinotto mit zartem Lauchgemüse
Ein leckeres und vollwertiges Hauptgericht.

▶ Für 2 Personen
Anhaltspunkte: 18 grüne, 2 rote
⊙ 35 Min.

1½ Gemüsebrühwürfel · 125 g Quinoa · 3 kleine Stangen Lauch · 1 mittelgroße Karotte · 2 EL Sesamöl · 1 EL Sesamsalz · frisch gemahlener schwarzer Pfeffer · 200 frische Egerlinge · ewas frische Glattpetersilie

- 250 ml Wasser mit 1 Gemüsebrühwürfel zum Kochen bringen. Quinoa dazugeben und 10 Min. kochen. Dann von der Kochstelle nehmen und 10–15 Min. ausquellen lassen.
- Die Lauchstangen putzen, waschen, der Länge nach vierteln und in 4–6 cm lange Streifen schneiden. Die Karotte mit der Gemüsebürste unter fließendem Wasser säubern und in dünne Stifte schneiden. Lauch und Karotten kurz im Sesamöl andünsten, mit einer halben Tasse Wasser ablöschen und den ½ Gemüsebrühwürfel zugeben. Mit Sesamsalz und Pfeffer würzen.
- Die Egerlinge mit Küchenkrepp abreiben und in dünne Scheiben schneiden. Zum Lauchgemüse geben und noch einige Min. mitgaren. Quinoa mit dem Gemüse der klein geschnittenen Petersilie mischen.

Quinotto mit Karotten und jungem Spinat

Auch kalt ein Hochgenuss.

▶ Für 2 Personen
Anhaltspunkte: 18 grüne, 2 rote
⏲ 35 Min.

250 g Quinoa · ½ l Gemüsebrühe (aus 1½ Gemüsebrühwürfeln) · 4 kleine Karotten · 1 kleine Zwiebel · 250 g junger Spinat · 2 EL Sonnenblumenöl · frisch gemahlener schwarzer Pfeffer · Kurkuma · ½ Gemüsebrühwürfel · 1 EL Sesamsalz · 2 Stängel Glattpetersilie

- Quinoa in der Gemüsebrühe etwa 10 Min. kochen, von der Kochstelle nehmen und 10–15 Min. nachquellen lassen. Petersilie waschen, klein schneiden und gegen Ende der Garzeit dazugeben. Die Karotten mit der Gemüsebürste unter fließendem Wasser säubern und in 1–1,5 cm breite Stifte schneiden. Die Zwiebel abziehen und fein würfeln. Den Spinat waschen und putzen.
- Die Zwiebeln im Öl vorsichtig andünsten. Karotten dazugeben, kurz erhitzen, den ½ Gemüsebrühwürfel in etwas Wasser auflösen und das Gemüse damit ablöschen. Spinatblätter dazugeben und bei mittlerer Hitze andünsten. Quinoa unter das Gemüse rühren und servieren.

Amaranth-Mangold-Auflauf

Amaranth schmeckt nicht nur im Müsli.

▶ Für 2 Personen
Anhaltspunkte: 18 grüne, 2 rote
⏲ 60 Min. + 20 Min. Backzeit

100 g Amaranth · ¼ l Gemüsebrühe · 300 g Mangold · 1 große Karotte · 2 EL Sesamöl · 1 EL Sesamsalz · Muskat · gemahlener Bockshornklee · frisch gemahlener weißer Pfeffer · 2 EL Crème fraîche · 1 Ei · 2 EL Mandelblättchen · 2 EL geriebener Parmesan

- Amaranth in der Gemüsebrühe wenige Min. aufkochen, von der Kochstelle nehmen und ca. 40 Min. nachquellen lassen. Den Strunk des Mangold abschneiden, die Mangoldblätter waschen und in feine Streifen schneiden. Die Karotten unter fließendem Wasser mit der Gemüsebürste säubern und raspeln. Mangoldblätter mit den Karotten im Sesamöl andünsten und die Gewürze dazugeben. Mit wenig Wasser ablöschen. Crème fraîche mit dem Ei vermischen und zugeben.
- Eine Auflaufform mit Öl auspinseln, den Backofen auf 200 Grad Umluft vorheizen und erst eine Schicht Gemüse, danach eine Lage Amaranth, dann wieder eine Lage Gemüse übereinanderschichten. Mit Parmesan bestreuen und 20 Min. überbacken.

Austernpilzragout mit Basmatireis

Asiatisch köstlich.

▶ Für 2 Personen
Anhaltspunkte: 17 grüne, 3 rote
⏲ 30 Min.

1 Tasse Vollkorn-Basmatireis · 1 Frühlingszwiebel · 1 mittelgroße Karotte · 160 g Austernpilze · Meersalz · 2 EL Sesamöl · frisch gemahlener schwarzer Pfeffer · Kurkuma · 1 Prise gemahlener Ingwer · 1 TL Schwarzkümmel · 1 Tasse Gemüsebrühe (aus ¼ Gemüsebrühwürfel) · 1 EL Bio-Sojasauce

- Den Reis nach Packungsanweisung garen. Frühlingszwiebel putzen, waschen und klein schneiden. Karotte mit der Gemüsebürste reinigen, schälen und in sehr feine Streifen schneiden. Austernpilze mit Küchenkrepp abreiben und in Streifen schneiden.
- Die Zwiebeln im Öl glasig dünsten, Gewürze und Pilze unter Rühren dazugeben. Unter ständigem Rühren die Karotten dazugeben. Mit Gemüsebrühe ablöschen und etwa 20 Min. dünsten. Mit der Sojasauce abschmecken und zum Basmatireis servieren.

Leckeres mit Linsen

Hülsenfrüchte enthalten wertvolle Eiweiße und zählen daher zu den guten Säurebildnern. Ein- bis zweimal pro Woche sollten Sie eines meiner leckeren Linsengerichte probieren.

Welche Linsensorte eignet sich?

Es gibt mittlerweile auch bei uns viele sehr leckere Linsensorten zu kaufen. Ich schätze Linsen, weil sie echte Allrounder sind. Als Paste püriert und herzhaft gewürzt eignen sie sich prima als Brotaufstrich. Aus roten Linsen koche ich innerhalb von einer halben Stunde eine Suppe. Bevor man in die Welt der Linsen einsteigt, sollte man grob wissen, welche Sorte sich für welche Zubereitung eignet. Hier eine kurze Übersicht:

Ich liebe Belugalinsen und die Sorte »Du Puy«, weil man aus ihnen herrliche Salate zubereiten kann.

Du Puy Linsen sind nicht so mehlig wie andere Linsensorten und schmecken schön nussig. Beim Kochen behalten die Linsen ihren Biss – ideal für Linsensalate. Ihren Namen haben sie von der Region Puy de Dôme in der Auvergne. Du Puy Linsen können Sie mittlerweile in jedem gut sortierten Bioladen kaufen.

Rote Linsen sind geschält, verkochen schnell cremig zu Brei und eignen sich daher besonders gut für Suppen (S. 124). Sie haben von allen Linsen die kürzeste Garzeit.

Grüne Tellerlinsen sind typische Eintopflinsen. Sie sind größer als andere Sorten, behalten ihre Form und zerfallen erst nach längerem Kochen. Aus Tellerlinsen lassen sich auch prima herzhafte Brotaufstriche herstellen.

Da Tellerlinsen besonders mild sind, eignen sie sich auch prima in gekeimter Form und wunderbar sogar zum Frühstück. Auf einem Butter-Vollkornbrot oder – noch besser – zum basischen Müsli dazu.

Belugalinsen sind kleine schwarze Linsen, die einen besonders würzig-aromatischen Geschmack haben, weshalb sie auch als »Kaviar« der Linsen bezeichnet werden. In Gourmetküchen wurden sie in den letzten Jahren wiederentdeckt und erfahren derzeit eine kleine Renaissance. Belugalinsen gibt es im Bioladen zu kaufen.

Champagnerlinsen kommen ursprünglich aus der Champagne und sind auch unter dem Namen Chateaulinsen auf dem Markt. Sie sind klein, braun und besonders aromatisch. Neben den Du Puy Linsen und den Belugalinsen zählen sie zu den Feinschmeckerlinsen und sie gibt es wie die anderen Sorten auch im Bioladen zu kaufen.

TIPP

Die Linsen und das Purin

Wie alle Hülsenfürchte enthalten Linsen viel Eiweiß, viele Vitalstoffe und leider auch Purine. Purine werden im Stoffwechsel zu Harnsäure abgebaut. Sie können den Puringehalt reduzieren, indem Sie die Brühe abschütten und die Suppe mit einer Gemüsebrühe auffüllen. Linsenkeimlinge enthalten weit weniger Purine, denn diese werden durch das tägliche Spülen ausgewaschen. Sie benötigen dazu ein Glas mit einem Siebverschluss. Die Linsen werden zunächst in dem Glas einige Stunden in Wasser eingeweicht. Dann wird das Glas auf den Kopf gestellt, damit das Wasser vollständig abfließen kann. Das Glas sollte an einem hellen Ort, am besten auf der Fensterbank stehen, denn der Keimprozess benötigt Licht. Ein- bis zweimal täglich werden die Linsen mit Wasser gut gespült. Zwischen dem 2. und 4. Tag erscheinen die ersten Keime. Eine ausführliche Anleitung für die Sprossenzucht finden Sie auf Seite 56.

▶ Avocadosalat mit Du Puy Linsen

Auch für Soja und Tofu gilt: nicht zu viel davon!

Die Sojabohne gehört zu den Hülsenfrüchten und diese sind bekannt für ihren hohen Gehalt an Purinen. Purine (sonst vor allem in Fleisch und in Kaffeebohnen enthalten) werden über die Leber zu Harnsäure abgebaut und können, wenn die Nahrung dauerhaft zu viele Purine enthält, zu der sehr schmerzhaften Gicht führen. Sojaprodukte und andere Hülsenfrüchte führen somit auch zu einer Säurebildung im Organismus. Dies bezieht sich vor allem auf Sojaflocken, Sojamilch, Sojasahne, Sojajoghurt, Sojapudding, Sojaaufstriche, Sojafleisch und andere Produkte, die verarbeitete Sojabohnen enthalten. Tofu und Tempeh sind fermentierte Sojaprodukte, deren Säurewirkung nicht wirklich untersucht wurde, doch man kann von einer Säurebildung ausgehen.

Frische Keimlinge und traditionell hergestellte Sojasaucen

Frische Sojabohnenkeimlinge werden – wie alle Keimlinge – durch die enzymatische Umwandlung im Keimprozess basisch verstoffwechselt. Zudem enthalten die frischen Keimlinge jede Menge Vitamine, Mineralien und Bioaktivstoffe. Sojasaucen – sofern sie aus einer traditionellen Herstellung stammen, sind wertvolle fermentierte Lebensmittel. Die meisten Sojasaucen, auch die in den Restaurants, sind durch High-Tech-Verfahren schnell fermentierte Saucen, die ohne gesundheitlichen Wert sind. Zu empfehlen sind die Saucen von Arche, Ruschin und Lima – gibt es als »Tamari« (ohne Weizenbasis) oder Shoyu (auf Weizenbasis) im Naturkostladen, im Reformhaus oder im Internet unter www.e-biomarkt.de

Soja – alles andere als nachhaltig

Der hohe Eiweißgehalt der Sojabohnen veranlasst viele Menschen, vor allem Vegetarier, Sojaprodukte in ihren Speiseplan aufzunehmen. Das Eiweiß aus Hülsenfrüchten ist in der Tat ideal, da es wesentlich besser verwertet werden kann als tierisches Eiweiß. Gleichzeitig ist der hohe Eiweißgehalt ein Problem für Allergiker. In sojaanbauenden Ländern – vor allem in Südamerika – gibt es einen dramatischen Anstieg an Sojaallergien und dadurch bedingtes Asthma. Auch in Europa nehmen Sojaallergien zu. Sojabohnen werden seit einigen Jahren zusätzlich vermehrt in der pharmazeutischen Industrie eingesetzt, da man sie anstelle einer Hormonersatztherapie in den Wechseljahren empfiehlt. Die Sojabohne ist auch das Lieblingskind der Gentechnik und des riesigen Industriezweiges, der sich dahinter aufbaut. Immer ist Soja die eingesetzte Futterpflanze für die vielen Tiere, die gegessen werden. Diese Faktoren führten in den vergangenen Jahren zu einem enormen Ausbau von Sojamonokulturen und auch dafür werden Regenwälder abgeholzt und die Existenzen von Bauern in Argentinien und anderen südamerikanischen Ländern zunichte gemacht.

Fazit: Es spricht nichts dagegen, hin und wieder ein Gericht mit Tofu zu essen, weshalb auch in diesem Buch das ein oder andere drin ist. Es gibt aber keinen Grund, nur weil man vegetarisch leben möchte, in eine Sojaeuphorie zu verfallen. Tauchen Sie als Vegetarier lieber in die Welt der einheimischen Hülsenfrüchte ein – und genießen Sie Belugalinsen, Du Puy Linsen in allen Variationen – sie schmecken zudem viel interessanter als Tofu.

Avocadosalat mit Du Puy Linsen

Köstlich und sättigend.
(Foto siehe S. 121)

▶ Für 2 Personen
Anhaltspunkte: 18 grüne, 2 rote
⏱ 40 Min.

½ Tasse Du Puy Linsen · Kräutersalz · 2 reife Avocados · 1 gute Handvoll Steinchampignons · 2 sehr reife Strauchtomaten · 1 Handvoll rote Basilikumblätter · Zitronenthymian · Zutaten für das Apfelbalsamico-Dressing (S. 57)

- Die Linsen waschen, abtropfen lassen und in 2 Tassen Wasser 20 bis 30 Min. auf kleiner Flamme kochen und mit dem Kräutersalz würzen.
- Die Avocados vorsichtig von der Schale und dem Kern befreien und in dünne Scheiben schneiden. Die Steinchampignons falls nötig säubern und in dünne Scheiben schneiden. Wenn Sie die Champignons mit einem Trüffelhobel schneiden, werden sie dünner und entfalten ihr Aroma besser. Die Strauchtomaten waschen und in sehr kleine Würfelchen schneiden.
- Die Avocado, die Steinchampignons und die Tomatenwürfel zusammen in eine Schale geben, die Basilikumblätter und die gegarten Linsen darüber verteilen. Das Apfelbalsamico-Dressing zubereiten und löffelweise über dem Salat verteilen.

Kohlrabi-Karotten-Salat mit Belugalinsen

Mit der Königin der Linsen.

▶ Für 2 Personen
Anhaltspunkte: 18 grüne, 2 rote
⏱ 45 Min.

½ Tasse Belugalinsen · Kräutersalz · 2 kleine Kohlrabi · 1 Karotte · 1 Frühlingszwiebel · Schnittlauch · Zutaten für das Himbeerbalsamico-Dressing (S. 57)

- Die Linsen waschen, abtropfen lassen und in 2 Tassen Wasser 20 bis 30 Min. auf kleiner Flamme kochen und mit dem Kräutersalz würzen.
- Kohlrabi waschen, schälen und die Karotte mit der Gemüsebürste säubern. Kohlrabi und Karotte auf dem Gemüsehobel klein raspeln. Frühlingszwiebel putzen, waschen und klein schneiden.
- Das Dressing zubereiten und zusammen mit den Linsen unter das Gemüse mischen. Schnittlauch waschen, in Röllchen schneiden und über den Salat verteilen.

Bunter Linsensalat mit Brokkoli

Mit frisch gekeimten Linsen am besten.

▶ Für 2 Personen
Anhaltspunkte: 18 grüne, 2 rote
⏱ 30 Min.

½ Tasse rote Linsen · 500 g Brokkoli · 1 Karotte · 1 kleine Zwiebel · 1 TL Sesamsalz · Zutaten für das Wildkräuter-Dressing (S. 57) · 50 g Pinienkerne · ½ Tasse Belugalinsen und grüne Tellerlinsen gemischt und gekeimt (siehe S. 56) · ½ Schälchen Kresse

- Die roten Linsen waschen, abtropfen lassen und in 2 Tassen Wasser wenige Min. auf kleiner Flamme kochen und mit dem Sesamsalz würzen.
- Brokkoli putzen, waschen, in Röschen teilen und im Gemüsedämpfer wenige Min. garen, bis sie ein sattes Grün angenommen haben. Die Karotte waschen, schälen und fein raspeln. Die Zwiebel abziehen und klein schneiden.
- Das Dressing zubereiten und mit den Brokkoliröschen, den Zwiebeln und den Pinienkernen vermischen. Die roten Linsen und die Linsenkeimlinge untermischen. Den Salat mit der Kresse bestreuen.

Suppen und Gemüse mit Linsen

Cremige Suppe aus roten Linsen
Lecker und reichhaltig.

▶ Für 2 Personen
Anhaltspunkte: 17 grüne, 3 rote
⏱ 35 Min.

1½ Tassen rote Linsen · 2 EL Sesamsalz · 4 große Kartoffeln · 1 Stange Lauch · 1 Zwiebel · 2 EL Sonnenblumenöl · 1 l Gemüsebrühe (aus 1 Gemüsebrühwürfel) · 1 Prise Muskat · etwas Schnittlauch · 2 EL Crème fraîche

- Die Linsen waschen, abtropfen lassen und in etwa 5 Tassen Wasser wenige Min. auf kleiner Flamme kochen und mit dem Sesamsalz würzen. Das Kochwasser abschütten und nicht für die Suppe weiterverwenden.
- Die Kartoffeln waschen, schälen und vierteln. Den Lauch putzen, den Strunk entfernen und den Lauch in grobe Ringe schneiden. Die Zwiebel abziehen, sehr klein schneiden und im Öl mit den Gewürzen glasig dünsten. Kartoffeln und Lauch zugeben und mit der Gemüsebrühe ablöschen.
- Alles 15–20 Min. kochen lassen, anschließend die roten Linsen dazugeben und pürieren. Den Schnittlauch in Röllchen schneiden. Die Suppe auf Teller verteilen, je 1 Löffel Crème fraîche sowie die Schnittlauchröllchen auf die Suppe geben.

Champagnerlinsen mit Karotten und Spinat
Auch eine meiner Lieblingslinsen.

▶ Für 2 Personen
Anhaltspunkte: 18 grüne, 2 rote
⏱ 45 Min.

1 Tasse Champagnerlinsen · Kräutersalz · 4 kleine Karotten · 1 kleine Zwiebel · 250 g Babyspinat · 2 EL Sonnenblumenöl · frisch gemahlener schwarzer Pfeffer · Kurkuma · ½ Gemüsebrühwürfel · 1 EL Sesamsalz

- Die Linsen waschen, abtropfen lassen und in 3 Tassen Wasser 20–30 Min. auf niedriger Stufe kochen lassen. Am Ende der Garzeit etwas Kräutersalz dazugeben. Das Linsenwasser abschütten.
- Die Karotten mit der Gemüsebürste unter fließendem Wasser abbürsten, waschen und in 1–1,5 cm breite Stifte schneiden. Die Zwiebel abziehen und fein würfeln. Den Spinat waschen.
- Die Zwiebeln im Öl vorsichtig andünsten. Karotten dazugeben, kurz erhitzen, den ½ Gemüsebrühwürfel in etwas Wasser auflösen und das Gemüse damit ablöschen. Die klein gezupften Spinatblätter dazugeben und alles noch einige Min. bei mittlerer Hitze dünsten. Das Gemüse über die gegarten Linsen geben und servieren.

Winterliches Gemüse mit Belugalinsen
Sättigend und herzhaft.

▶ Für 2 Personen
Anhaltspunkte: 18 grüne, 2 rote
⏱ 45 Min.

1 Tasse Belugalinsen · Kräutersalz · 3 kleine Stangen Lauch · 2 Stängel Glattpetersilie · 2 EL Sesamöl · ½ Tasse Gemüsebrühe (aus ½ Gemüsebrühwürfel) · 1 EL Sesamsalz · 1 Prise gemahlener Bockshornklee · frisch gemahlener schwarzer Pfeffer · 200 g Champignons · 100 g Tofu · ungeräuchert

- Die Linsen waschen, abtropfen lassen und in 3 Tassen Wasser 20–30 Min. köcheln lassen. Am Ende der Garzeit etwas Kräutersalz dazugeben. Das Linsenwasser abschütten.
- Die Lauchstangen putzen, gründlich waschen und in feine Ringe schneiden. Die Petersilie waschen und klein schneiden. Den Lauch sanft im Öl andünsten und mit der Gemüsebrühe ablöschen. Mit Sesamsalz, Bockshornklee und Pfeffer würzen.
- Die Pilze mit Küchenkrepp abreiben und fein schneiden. Den Tofu in 2–3 cm große Stücke schneiden. Tofu, Pilze und Petersilie zum Gemüse geben und noch einige Min. andünsten. Das Lauchgemüse über die Linsen geben.

Morchelragout mit Tofu und frischen Erbsen

Köstlich für Gäste.

▶ **Für 2 Personen**
Anhaltspunkte: 19 grüne, 1 roter
⊙ 30 Min.

2 Handvoll frische Erbsen · 160 g frische oder getrocknete Morcheln · 1 kleine Schalotte · 2 EL Sesamöl · 150 g Tofu, ungeräuchert · frisch gemahlener weißer Pfeffer · 1 EL Sesamsalz · 1 EL Sesamsamen

- Die Erbsen aus den Schoten puhlen, waschen und in etwas Salzwasser wenige Min. garen. Getrocknete Morcheln in Wasser einweichen, abtropfen lassen und in Streifen schneiden. Frische Morcheln trocken säubern – mit einem Pinsel oder mit Küchenkrepp – und in nicht zu grobe Streifen schneiden.
- Die Schalotte abziehen, klein schneiden und zusammen mit den Morcheln im Öl andünsten. Mit Sesamsalz und Pfeffer würzen. Den Tofu in 2–3 cm große Stücke schneiden. Die gegarten Erbsen zu den Morcheln geben und die Tofustücke untermischen und kurz erwärmen – nicht anbraten. Das Morchelragout mit Sesam bestreut servieren.

▶ **Variante**
Anstatt Morcheln können Sie auch Austernpilze und Mangold verwenden und zur Not gehen auch tiefgekühlte Erbsen.

Basenreiches mit Fisch

Fisch ist sicher die gesündeste Art, tierisches Eiweiß zu verzehren. Wenn Sie sich dabei nicht nur für die Modefische wie Lachs, Viktoriabarsch oder Meeresfrüchte entscheiden, sondern eher die ökologisch vertretbaren Arten wählen, können Sie dies auch mit einem guten Gewissen tun.

Wertvolle Omega-3-Fettsäuren

Fisch enthält im Gegensatz zu Fleisch eine Menge mehrfach ungesättigter Fettsäuren, insbesondere Omega-3-Fettsäuren, die uns vor Herz-Kreislauf-Erkrankungen schützen. Achten Sie dennoch auf die Menge, denn für Ihr neues basenreiches Leben gilt: Säurebildner wie Fisch, Fleisch und Getreide nehmen einen kleineren Platz auf dem Teller ein als Gemüse und Salate. Zweimal in der Woche dürfen Sie Fisch genießen. Fette Seefische enthalten übrigens die meisten Omega-3-Fettsäuren.

Seefisch enthält darüber hinaus bedeutende Mengen Jod, die der menschliche Organismus für den Aufbau der Schilddrüsenhormone benötigt. Nur Algen (Nori, Wakame, Kombu etc.) enthalten noch mehr Jod und teilweise sogar in so großen Mengen, dass man nicht zu viel auf einmal essen sollte.

Welcher Fisch ist empfehlenswert?

Bei Fisch dürfen Sie ruhig etwas wählerischer sein. Zum einen sind die Weltmeere schon so weit abgefischt, dass viele Fischarten bedroht sind. Zum anderen werden »Must-have-Fische« wie Lachs und Forelle sowie Meeresfrüchte im großen Stil gezüchtet. Die Massenfischzucht bringt wie die Massentierzucht die üblichen Begleiterscheinungen mit sich: Medikamentenrückstände. Bei den Meeresfischen ist es vor allem der Thunfisch, der häufig mit Quecksilber belastet ist. Dennoch müssen Sie auf Fischmahlzeiten nicht verzichten. Wegen seiner wertvollen Omega-3-Fettsäuren sind ein bis zwei Fischmahlzeiten in der Woche aus frischem Fisch durchaus vertretbar.

Umweltschützer, Angler und natürlich Greenpeace empfehlen, möglichst Fisch aus biologischen Zuchtbetrieben zu kaufen (www.biofisch.at). Im Internet finden Sie Listen, denen Sie entnehmen können, welche wild gefangenen Fische noch akzeptabel in Bezug auf die Fischbestände sind. Zurzeit sind das:
- Karpfen, Hering,
- Seelachs und Makrele.

Zander, Forellen, Tintenfische, Dorade und Wolfbarsch gelten als kritisch, sollten daher nur selten verzehrt werden. Ganz bedenklich sind die Bestände von wildem Lachs, Heilbutt, Scholle, Dorsch, Seezunge und Thunfisch. Meiden Sie daher möglichst diese Fischarten.

Frischer Fisch

Sofern Sie nicht am Meer oder an einem See leben und von dort direkt Ihren frischen Fisch beziehen können, werden Sie wohl eher selten in den Genuss von frischem Fisch kommen. Für Allergiker und Darmempfindliche kann das schwierig werden. Denn pro Tag (Lagerung/Transport) steigt die Menge an Histamin, das vor allem von Allergikern und Darmkranken nicht schnell genug abgebaut werden kann und so zu Magen-Darm-Störungen, Kopfschmerzen und vielen anderen gesundheitlichen Problemen führen kann. Ein Tipp: Frisch ist nur der Fisch, der nicht nach Fisch riecht.

TIPP
Achten Sie beim Kauf von Fisch auf das blaue Siegel des Marine Stewardship Council (MSC). Das Siegel kennzeichnet nachhaltige Fischereiprodukte. Der MSC ist eine international tätige gemeinnützige Einrichtung, die nachhaltig fischende Betriebe zertifiziert.

▶ Seelachsröllchen mit Dill auf Karotten-Mangold-Gemüse

FISCHGERICHTE

BASENREICHES MIT FISCH

Kohlrabi-Sesam-Gemüse mit Saiblingfilets
Aus Biozucht schmeckt Saibling noch besser.

▶ Für 2 Personen
Anhaltspunkte: 12 grüne, 8 rote
⏱ 20 Min.

3 mittelgroße Kohlrabi · 1 große Karotte · 3 EL gehackte Kräuter (Glattpetersilie, Schnittlauch) · 3 EL Olivenöl · 4 TL Sesam · 2 TL Sesamsalz · 5 TL geriebener Parmesan · frisch gemahlener schwarzer Pfeffer · 2 kleine Saiblingfilets (je 100 g) · frisch gemahlener weißer Pfeffer · 2 EL Rapsöl · 1 Prise Fleur de Sel

- Kohlrabi und Karotte schälen, stifteln und im Gemüsedämpfer gar dämpfen. Herausnehmen und Kräuter, Olivenöl, Sesam, Sesamsalz und Parmesan untermischen.
- Die Saiblingfilets waschen, trocken tupfen und mit weißem Pfeffer würzen. Den Fisch von beiden Seiten etwa 4 Min. vorsichtig im Rapsöl anbraten und mit Fleur de Sel und Pfeffer würzen. Das Gemüse auf Teller verteilen und die Fischfilets darauf anrichten.

Sommergemüse mit Saiblingfilets
So lecker wie beim Italiener.

▶ Für 2 Personen
Anhaltspunkte: 13 grüne, 7 rote
⏱ 25 Min.

1 mittelgroße Zucchini · 10 reife Kirschtomaten · 2 Saiblingfilets (je 100 g) oder 1 großes (200 g) · 2 EL Rapsöl · Fleur de Sel · Zitronenpfeffer · 1 mittelgroße Zwiebel · 3 EL Olivenöl · 1 Handvoll schwarze ungefärbte Oliven · einige Blätter Basilikum · Kräutersalz · frisch gemahlener schwarzer Pfeffer

- Die Zucchini waschen, putzen und in dünne Steifen schneiden. Die Tomaten waschen und halbieren, evtl. die Stielansätze entfernen. Die Zwiebel abziehen und klein schneiden. Zwiebeln und Zucchini im Öl andünsten. Mit Kräutersalz und Pfeffer würzen und mit etwas Wasser ablöschen. 10 Min. garen. Die Tomaten wenige Min. mitdünsten, die Oliven halbieren und dazugeben.
- Die Saiblingfilets waschen, trocken tupfen, mit Zitronenpfeffer würzen und von beiden Seiten 4 Min. vorsichtig im Öl anbraten. Fischfilets mit Fleur de Sel bestreuen und auf dem Sommergemüse servieren.

▶ Variante
Anstatt der Saiblingfilets eignet sich auch Wolfsbarschfilet hervorragend.

Bouillabaisse
Mit frischem Fisch ein basenreicher Hochgenuss.

▶ Für 2 Personen
Anhaltspunkte: 13 grüne, 7 rote
⏱ 40 Min.

200 g Fischfilet (wahlweise Kabeljau, Goldbarsch und/oder Seelachs) · 1 kleine Zwiebel · 2 EL Olivenöl · 1 kleine Stange Lauch · 1 kleine Fenchelknolle · 1 knapper l Gemüsebrühe (aus 1 Gemüsebrühwürfel) · 1 Lorbeerblatt · frisch gemahlener bunter Pfeffer (rot, weiß und schwarz) · 1 Nelke · Safran · 1 reife Tomate

- Die Fischfilets waschen, trocken tupfen und in mundgerechte Stücke schneiden. Die Zwiebel abziehen, klein schneiden und im Olivenöl glasig dünsten. Den Lauch putzen und waschen, den Wurzelansatz entfernen und den Lauch in Scheiben schneiden. Die Fenchelknolle putzen, waschen, den Strunk entfernen und den Fenchel in Streifen schneiden.
- Die Gemüse und die Gemüsebrühe zu den Zwiebeln geben. Lorbeerblatt, Pfeffer, Nelke und ein wenig Safran dazugeben. Alles etwa 15 Min. kochen. Fischfilet hinzufügen und weitere 15 Min. darin ziehen lassen. Die Tomate kurz in heißes Wasser geben, häuten, in Viertel schneiden und gegen Ende der Garzeit zur Fischsuppe geben.

▶ Sommergemüse mit Saiblingfilets

FISCHGERICHTE

Saiblingfilets auf einem Bett von Zuchinispaghetti und Treviso

Wie im Feinschmeckerlokal!

▶ Für 2 Personen
Anhaltspunkte: *13 grüne,* *7 rote*
⏱ 35 Min.

- 2 mittelgroße, gerade Zucchini
- 1 kleine Zwiebel
- Sonnenblumenöl
- ¼ l Gemüsebrühe
- 150 g Kräuterseitlinge
- Kräutersalz
- frisch gemahlener schwarzer Pfeffer
- einige Stängel frische Glattpetersilie
- 1 Treviso (italienische Salatsorte, die aussieht wie roter Chicorée)
- 2 EL Olivenöl
- 2 kleine Saiblingsfilets (je 100 g) oder 1 großes à 200 g
- Fleur de Sel
- weißer Pfeffer

- Die Zucchini waschen, putzen und in der Gemüsespaghettimaschine zu Spaghetti verarbeiten. Die Zwiebel abziehen, in kleine Würfel schneiden und die Hälfte im Sonnenblumenöl andünsten. Die Zucchinispaghetti und etwas Gemüsebrühe dazugeben und unter ständigem Rühren weiterdünsten.
- Die Kräuterseitlinge mit Küchenkrepp abreiben und je nach Größe klein schneiden. Die Glattpetersilie waschen und mit dem Wiegemesser fein hacken.
- In einem anderen Topf die zweite Hälfte der klein geschnittenen Zwiebeln in etwas Öl glasig dünsten und die Kräuterseitlinge dazugeben. Mit etwas Gemüsebrühe ablöschen, mit Kräutersalz und Pfeffer würzen und die Petersilie dazugeben. Die Zucchinispaghetti in einer feuerfesten Form im Backofen warmhalten.
- Den Treviso waschen, den Strunk abschneiden, den Kopf der Länge nach halbieren und in Olivenöl von beiden Seiten im Topf etwas anschmoren.
- Die Saiblingfilets waschen, trocken tupfen und mit wenig weißem Pfeffer würzen. Öl in einer Pfanne erhitzen und die Saiblingsfilets von beiden Seiten etwa 4 Min. vorsichtig anbraten.
- Die Zucchinispaghetti auf einen Teller anrichten und die gedünsteten Kräuterseitlinge darüber verteilen. Die fertigen Saiblingfilets mit etwas Fleur de Sel würzen und auf die Zucchinispaghetti legen, je eine Hälfte des geschmorten Treviso daneben platzieren und servieren.

▶ **Variante**
Für dieses Rezept benötigen Sie eine Gemüsespaghettimaschine. Alternative: Sie können die Zucchini auch in sehr dünne, lange Streifen schneiden, was etwas mühsamer ist, aber auch gut funktioniert.

FISCHGERICHTE

Seelachsröllchen mit Dill auf Karotten-Mangold-Gemüse

Mangold – ein verkanntes und in Italien beliebtes Gemüse. (Foto siehe S. 127)

▶ **Für 2 Personen**
Anhaltspunkte: *13 grüne*, *7 rote*
🕐 **35 Min.**
2 kleine Seelachsfilets (je 100 g) · Saft von ½ Zitrone · Meersalz · frisch gemahlener weißer Pfeffer · 3 mittelgroße Karotten · 1 kleiner Mangold · 1 kleine Schalotte · 2 EL Sonnenblumenöl · 1 EL Sesamsalz · frisch gemahlener schwarzer Pfeffer · 2 Stängel frischer Dill

- Die Seelachfilet abwaschen, trocken tupfen, mit dem Zitronensaft beträufeln, salzen und pfeffern. Die Karotten mit der Gemüsebürste unter fließendem Wasser säubern und in dünne Scheibchen schneiden. Den Mangold waschen, den Strunk abschneiden und den Mangold in dünne Streifen schneiden. Die Stiele und Blätter getrennt legen.
- Die Schalotte abziehen, klein würfeln und im Sonnenblumenöl glasig dünsten. Die Karotten dazugeben, kurz andünsten, die Mangoldstiele dazugeben und mit wenig Wasser ablöschen, dann das Sesamsalz und den Pfeffer dazugeben. Nach wenigen Minuten die Mangoldblätter dazugeben und andünsten.
- Den Dill waschen, trocken schwenken und je einen Zweig auf die Seelachsfilets legen. Ein wenig Dill für die Deko übrig lassen. Die Seelachsfilets aufrollen, mit Küchengarn zusammenbinden und die Seelachsröllchen auf das Mangold-Karotten-Gemüse setzen. Zugedeckt bei mittlerer Hitze etwa 10 Min. garen.
- Auf 2 Teller anrichten, die Seelachsröllchen auf das Gemüse setzen und mit dem restlichen, klein gezupften Dill bestreuen.

Seelachs mit Spinat

Besser als jedes Fleisch!

▶ **Für 2 Personen**
Anhaltspunkte: *13 grüne*, *7 rote*
🕐 **35 Min.**
2 Seelachsfilets zu je 100 g · 1 Schalotte · 2 EL Sonnenblumenöl · 500 g frischer Spinat · Kräutersalz · frisch gemahlener weißer Pfeffer · Muskatnuss · ½ unbehandelte Zitrone · 1 Handvoll Glattpetersilie

- Den Spinat putzen, waschen und abtropfen lassen. Die Schalotte abziehen und fein hacken. Die Schalotten im Öl glasig dünsten. Den Spinat dazugeben und 5 Min. leicht andünsten. Den Backofen auf 220 Grad (Umluft 200 Grad) vorheizen. Den Spinat mit Kräutersalz, Pfeffer und Muskat würzen. Die Seelachsfilets waschen, trocken tupfen, salzen und pfeffern.
- Eine feuerfeste Form mit ein wenig Sonnenblumenöl auspinseln, den Boden der Form mit dem Spinat auslegen und die Seelachsfilets darauflegen. Die abgewaschene Zitronenhälfte in Scheiben schneiden und auf die Filets legen. Die Glattpetersilie waschen, trocken schwenken, klein zupfen und über dem Fisch verteilen. Den Fisch im Backofen auf mittlerer Schiene etwa 20 Min. garen.

▶ **Variante**
Wenn Sie keinen Spinat mögen, können Sie auch ein anderes Gemüse zu Ihrem Fischgericht wählen. Suchen Sie aus den Rezepten ab Seite 85 eine Gemüsebeilage aus, die mehr Ihrem Geschmack entspricht.

Fischgerichte

Seelachsfilet auf Karotten-Lauch-Gemüse mit Champignons
Gemüsevielfalt mit Fisch fürs ganze Jahr.

▶ **Für 2 Personen**
Anhaltspunkte: *13 grüne, 7 rote*
⊙ **50 Min.**

3 kleine Stangen Lauch · 1 mittelgroße Karotte · 2 EL Sesamöl · ½ Tasse Gemüsebrühe (aus ½ Gemüsebrühwürfel) · 150 g Champignons · 1 großes Seelachsfilet (200 g) oder 2 kleine (je 100 g) · Saft von ½ Zitrone · frisch gemahlener schwarzer Pfeffer · Fleur de Sel · 1 Handvoll Glattpetersilie

- Die Lauchstangen gut putzen und waschen, den Wurzelansatz entfernen. Die Lauchstangen der Länge nach vierteln und in etwa 4–6 cm lange Streifen schneiden. Die Karotte mit der Gemüsebürste unter fließendem Wasser säubern und in kleine, dünne Stifte schneiden.
- Das Sesamöl in einem Topf erhitzen und den Lauch und die Karotte kurz andünsten, mit einer halben Tasse Gemüsebrühe ablöschen. Die Champignons mit einem Pinsel oder mit Küchenkrepp abreiben und in dünne Scheiben schneiden.
- Den Backofen auf 200 Grad (Umluft 180 Grad) vorheizen. Das Seelachsfilet waschen, trocken tupfen, mit Zitronensaft beträufeln und mit Pfeffer und Fleur de Sel würzen. Eine feuerfeste Form mit ein wenig Sesamöl auspinseln, den Boden der Form mit dem Lauch-Karotten-Gemüse auslegen, dann die Champignonscheiben und das Seelachsfilet darauflegen.
- Glattpetersilie waschen, trocken schwenken, klein zupfen und auf der Gemüsemischung verteilen. Den Fisch im Backofen auf der mittleren Schiene etwa 25 Min. garen.

Zanderfilet mit Petersilien-Kohlrabi
Beim Gemüse darf's Nachschlag geben.

▶ **Für 2 Personen**
Anhaltspunkte: *13 grüne, 7 rote*
⊙ **35 Min.**

3 Kohlrabi · 1 Schalotte · 2 EL Sesamöl oder Sonnenblumenöl · ½ Gemüsebrühwürfel · einige Stängel Glattpetersilie · 1 EL Sesamsalz · 1 großes Zanderfilet (200 g) · Saft von ½ Zitrone · frisch gemahlener weißer Pfeffer · Fleur de Sel

- Die Kohlrabi waschen, schälen und in feine Streifen schneiden. Die Schalotte abziehen und klein würfeln. Das Öl erhitzen und die Schalotten darin glasig dünsten. Die Kohlrabistreifen und das Sesamsalz dazugeben. Den halben Gemüsebrühwürfel in wenig Wasser auflösen und dazugeben. Die Glattpetersilie waschen, klein hacken und gegen Ende der Garzeit zum Kohlrabi geben.
- Das Zanderfilet abwaschen und trocken tupfen. Mit Zitronensaft beträufeln und mit etwas weißem Pfeffer würzen. Öl in einer Pfanne erhitzen und das Zanderfilet von beiden Seiten etwa 4 Min. vorsichtig anbraten. Das fertige Filet mit etwas Fleur de Sel bestreuen und mit den Petersilien-Kohlrabi zusammen anrichten.

▶ **Variante**
Dieses Rezept schmeckt auch gut mit Mandelbrokkoli (S. 87).

Basenreiches mit Fleisch

Aus diesem Rezeptkapitel dürfen Sie 2-mal in der Woche etwas Leckeres mit Fleisch kochen und genießen – diese Menge an Säuren kann unser Körper durchaus verkraften. Mindestens einmal sollte es aber Geflügel sein.

Welches Fleisch ist empfehlenswert?

Ganz klar, wenn schon Fleisch, dann Fleisch aus biologischer Herkunft. Schweinefleisch ist für Menschen nicht empfehlenswert, was an seiner Eiweißstruktur liegt und daran, dass es jede Menge Histamine enthält, die viele Menschen im Darm nicht abbauen können. Die Folgen können allergieartige Symptome, auch Kopfschmerzen und Durchfall sein. Fleisch von Säugetieren wie Kalb, Rind, Lamm, Ziege, Wild ist nur für Menschen ratsam, die keine Probleme mit ihrem Stoffwechsel haben. Geflügel wie Pute und Hähnchen sind hier für die Gesundheit optimaler – vorausgesetzt, die Geflügelfarm hält sich mit Medikamenten zurück. Erkundigen Sie sich genau, bei wem Sie was kaufen. Fragen Sie nach. Innereien sollten auf Ihrer Fleischliste ganz weit hinten stehen und, wenn überhaupt, nur in absoluten Ausnahmefällen verzehrt werden. Der Grund? Leber und Niere sind wichtige Entgiftungsorgane – auch bei Tieren. Die vielen Wachstumshormone und andere Medikamente, die Tiere während ihrer kurzen und stressigen Aufzuchtphase abbekommen, werden über Leber, Nieren und Darm entgiftet. Diese Organe sind daher hochgradig belastet. Tun Sie sich das nicht an – Ihre Leber und Ihre Nieren haben auch so genügend Arbeit.

Um Wurst, geräucherte und gepökelte, auch wenn sie nicht vom Schwein ist, sollten Sie in Ihrem neuen, basenreichen Leben einen großen Bogen machen. Ein Putenwiener dagegen ist schon mal drin.

Vitamin-B_{12}-Lieferanten

Wenn Sie bislang Fleisch vor allem deshalb essen, weil Sie glauben, sich nur so mit ausreichend Vitamin B_{12} zu versorgen, können Sie nun aufatmen: Auch in Keimlingen finden sich große Mengen Vitamin B_{12}, ein für die Blutbildung wichtiges Vitamin, z. B. in Kichererbsen, Linsen, Mungobohnen und Alfalfa (Luzerne). Übrigens sind Alfafakeimlinge neben Brokkolikeimlingen und Kresse auch sehr Vitamin-C-haltig.

Purine: in Fleisch und Hülsenfrüchten

Purine sind Nahrungsbestandteile, die in der Leber zu Harnsäure abgebaut werden. Purine sind in unterschiedlicher Menge in Fleisch, vor allem in Muskelfleisch und in Wurstwaren enthalten. Auch in Fisch und Fischerzeugnissen sind Purine enthalten. Besonders hoch ist der Puringehalt in Lachs, Ölsardinen, Thunfisch in Öl und in Sprotten. Auch in einigen pflanzlichen Nahrungsmitteln stecken Purine – besonders viel aber nur in Hülsenfrüchten wie Soja, Linsen, getrockneten Erbsen und in getrockneten Bohnen. In zu hohen Mengen genossen, kann dadurch der Harnsäurespiegel im Blut steigen und auf Dauer zu Gicht, einer sehr schmerzhaften Entzündung der Gelenke, führen.

Eiweiß für mehr Muskeln?

Die Meinung hält sich hartnäckig, dass vor allem Eiweiß für den Muskelaufbau notwendig sei. Und bei Eiweiß denkt jeder an Fleisch, Wurst und Käse. Nun haben neuere Forschungen ergeben, was Ragnar Berg, der Begründer der Basen-Philosophie 1912 schon sagte: Durch den Verzehr von tierischem Eiweiß kommt es zu verstärktem Proteinabbau, was wiederum den Abbau von Knochen und Muskeln zur Folge hat. Muskeln können Sie aufbauen durch Sport und 2–3 Fleischgerichte in der Woche schaden noch nicht.

▶ Arabisches Lammragout

Bohnen-Tomaten-Gemüse mit Lammfilet

Der Klassiker – immer wieder lecker.

▶ **Für 2 Personen**
Anhaltspunkte: 12 grüne, 8 rote
⏱ **35 Min.**

300 g grüne Bohnen · 1 Handvoll reife Honigtomaten (besonders aromatische Sorte) · 1 kleine Schalotte · einige Stängel Bohnenkraut · Olivenöl · frisch gemahlener weißer Pfeffer · Piment · ½ Gemüsebrühwürfel · 2 kleine Lammfilets (je 100 Gramm) · frisch gemahlener schwarzer Pfeffer · Fleur de Sel · 2 Rosmarinzweige

- Die Bohnen waschen, die Enden abschneiden und die Bohnen halbieren. Die Honigtomaten waschen und halbieren. Die Schalotte schälen und klein würfeln. Die Bohnen mit dem Bohnenkraut im Gemüsedämpfer garen. Etwas Olivenöl erhitzen. Die Schalotten und die Tomaten darin kurz andünsten. Vom Herd nehmen, mit den Bohnen mischen und abschmecken.
- Das Fleisch mit Pfeffer und Fleur de Sel einreiben. Mit dem einem Rosmarinzweig im Olivenöl rosa anbraten. Die Filets schräg aufschneiden und zusammen mit den Bohnen anrichten und mit etwas Rosmarin verzieren.

Wirsing-Sesam-Gemüse mit Lammfilet

Ein köstliches Winteressen.

▶ **Für 2 Personen**
Anhaltspunkte: 12 grüne, 8 rote
⏱ **35 Min.**

1 kleiner Kopf Wirsing · 3 EL gehackte Kräuter (Glattpetersilie, Schnittlauch) · Olivenöl · 4 TL Sesam · 2 TL Sesamsalz · 2 kleine Lammfilets (je 100 Gramm) · frisch gemahlener schwarzer Pfeffer · Fleur de Sel · 1 Rosmarinzweig

- Die Wirsingblätter ablösen, waschen, übereinanderlegen, in feine Streifen schneiden und im Gemüsedämpfer gar dämpfen. Den Wirsing anschließend mit den gehackten Kräutern, 3 Esslöffel Olivenöl, Sesam und Sesamsalz vermischen.
- Das Fleisch mit Pfeffer und Fleur de Sel einreiben. Zusammen mit dem Rosmarin im Olivenöl rosa anbraten. Die Lammfilets schräg aufschneiden und mittig auf die Teller setzen. Das Wirsinggemüse im Kreis darum legen. Mit etwas frischem Rosmarin verzieren.

Lammfilet mit sommerlichem Gemüse

Lamm ist vom Biobauern noch besser.

▶ **Für 2 Personen**
Anhaltspunkte: 12 grüne, 8 rote
⏱ **35 Min.**

2 kleine Zucchini · 4 mittelgroße, reife Tomaten · 2 kleine Zwiebeln · 2 EL Olivenöl · Fleur de Sel · frisch gemahlener schwarzer Pfeffer · Kräuter der Provence · 2 kleine Lammfilets (je 100 g) · 1 Rosmarinzweig

- Die Zucchini waschen, putzen und grob raspeln. Die Tomaten mit kochendem Wasser überbrühen, häuten und vierteln – Stielansätze entfernen. Die Zwiebeln abziehen und in Ringe schneiden. Zwiebeln und Zucchini im Öl andünsten. Mit etwas Wasser ablöschen und mit Fleur de Sel, dem Pfeffer und den Kräutern der Provence würzen. Bei schwacher Hitze etwa 10 Min. garen. Am Ende der Garzeit die Tomaten dazugeben.
- Das Fleisch mit Pfeffer und Fleur de Sel einreiben. Mit dem Rosmarin im Olivenöl rosa anbraten. Das Gemüse mit den Lammfilets auf zwei Teller anrichten und etwas Pfeffer darübermahlen.

◀ Bohnen-Tomaten-Gemüse mit Lammfilet

GERICHTE MIT LAMMFLEISCH

Arabisches Lammragout

Mit oder ohne Couscous lecker. (Foto siehe S. 135).

▶ **Für 2 Personen**
Anhaltspunkte: 12 grüne, 8 rote
⊙ 45 Min.

- 5 mittelgroße Zwiebeln
- 2 mittelgroße Kartoffeln
- 2 mittelgroße Karotten
- 1 rote Paprika
- 1 Zucchini
- 200 g Lammschulter oder Lammfilet
- 4 EL Sesamöl
- Kreuzkümmel
- Peperoni, gemahlen (oder getrocknete Peperoni, klein geschnitten)
- frisch gemahlener schwarzer Pfeffer
- frisch gemahlener Koriander (nicht Koriandergrün!)
- Galgant, gemahlen
- Kardamompulver
- 1 EL Sesamsalz
- 1 Handvoll getrocknete Aprikosen
- frische Glattpetersilie
- Minze (getrocknet und gerebelt oder frisch aus dem Garten)

- Die Zwiebeln abziehen und in Ringe schneiden. Die Kartoffeln waschen, schälen und in 2–3 cm große Stücke schneiden. Die Karotten mit der Gemüsebürste unter fließendem Wasser säubern und in 2–3 cm lange Stücke schneiden. Die Paprika waschen, den Strunk und die Kerne entfernen und in Ringe schneiden. Die Zucchini waschen, den Stielansatz entfernen und in 2–3 cm dicke Scheiben schneiden.
- Das Lammfleisch in nicht zu große Würfel schneiden. Das Sesamöl erhitzen und die Zwiebeln und das Fleisch dazugeben. Je etwas Kreuzkümmel, Peperoni, Pfeffer, Koriander, Galgant, Kardamom und Sesamsalz auf das Fleisch und auf die Zwiebeln geben und andünsten.
- Die Paprikastreifen, die Zucchini-, die Karotten- und die Kartoffelstücke dazugeben – kurz anbraten und mit einer Tasse Wasser ablöschen. Die getrockneten Aprikosen in kleine Stücke schneiden und zu dem Ragout geben. Eine weitere Tasse Wasser dazugeben und köcheln lassen.
- Die Glattpetersilie waschen, trocken schwenken, klein schneiden und gegen Ende der Garzeit zusammen mit der Minze zum Ragout geben. Sie können nun nach Belieben noch etwas nachwürzen, bis das Ragout das Aroma hat, das Ihnen zusagt.

▶ **Variante**
Wenn Sie keine Lust auf Fleisch haben, ersetzen Sie das Lammfleisch durch 200 g Kichererbsen. Diese werden über Nacht in Wasser eingeweicht. Am nächsten Tag die Kichererbsen in frischem Wasser 60 Min. garen, abschütten und zu dem Gemüseragout geben.

Putengeschnetzeltes mit Spinat, Steinchampignons und Karotten

Weniger Fleisch – schon ist es basischer und trotzdem ein Genuss.

▶ **Für 2 Personen**
Anhaltspunkte: 13 grüne, 7 rote
⏱ 35 Min.
300 g junger Spinat · 1 große Karotte · 150 g Steinchampignons (wahlweise Champignons) · 1 Schalotte · 2 EL Sonnenblumenöl · 2 EL Sesamsalz · frisch gemahlener schwarzer Pfeffer · Paprikapulver · Kurkuma · 150 g Putenschnitzel · 2 kleine Frühlingszwiebeln · 2 EL Sonnenblumenöl · Kräutersalz · 2 Stängel Glattpetersilie (wahlweise Schnittlauch)

- Die Spinatblätter gründlich waschen und abtropfen lassen. Die Karotte mit der Gemüsebürste unter fließendem Wasser säubern und klein raspeln. Die Steinchampignons mit einem Pinsel oder Küchenkrepp säubern und in dünne Scheiben schneiden.
- Die Schalotte abziehen, klein würfeln und in dem Sonnenblumenöl glasig dünsten. Spinat, Steinchampignons und Karottenraspel dazugeben und einige Minuten andünsten.
- Die Putenschnitzel in 3–4 cm große Stücke schneiden. Die Frühlingszwiebeln waschen, putzen und die Frühlingszwiebeln in kleine Scheiben schneiden. Die Putenstücke mit den Frühlingszwiebeln von allen Seiten im Öl leicht anbraten. Mit Kräutersalz und Pfeffer würzen.
- Das fertig gegarte Gemüse unter das Putengeschnetzelte mischen und anrichten. Mit einigen Blättchen Glattpetersilie servieren.

Asiatisches Putenragout mit Pak Choi und Shiitakepilzen

Auch mit Basmatireis anstelle der Pute ein Genuss.

▶ **Für 2 Personen**
Anhaltspunkte: 13 grüne, 7 rote
⏱ 55 Min.
2 kleine Pak Choi · 1 Karotte · 150 Shiitakepilze · Sesamöl · 1 EL Sesamsalz · je 1 Prise gemahlener Bockshornklee · etwa 2 cm frische Ingwerwurzel · Kurkuma · frisch gemahlener schwarzer Pfeffer · 150 g Putenschnitzel · 2 kleine Frühlingszwiebeln · 2 EL Sonnenblumenöl · Kräutersalz · frisch gemahlener schwarzer Pfeffer · 2 Stängel indischer Basilikum (oder Glattpetersilie)

- Den Pak Choi waschen, den Strunk herausschneiden und die Blätter in dünne Streifen schneiden. Die Karotte unter fließendem Wasser mit der Gemüsebürste säubern und in kleine dünne Stifte schneiden. Die Shiitakepilze mit Küchenkrepp abreiben und vierteln.
- 2 EL Sesamöl erhitzen, den Pak Choi, die Shiitakepilze und die Karotten mit den Gewürzen unter Rühren andünsten. Den Ingwer schälen, auf der Ingwerreibe fein reiben und unter das Gemüse mischen. Alles mit einer halben Tasse Wasser ablöschen.
- Die Putenschnitzel in 3–4 cm große Stücke schneiden. Die Frühlingszwiebeln waschen, putzen und in feine Scheiben schneiden. Das Fleisch mit den Frühlingszwiebeln in 2 EL Sonnenblumenöl von allen Seiten leicht anbraten. Mit Kräutersalz und Pfeffer würzen und das Gemüse untermischen. Den Basilikum waschen, zupfen und unterrühren.

▶ **Variante**
Sie können das Putenragout auch mit dem Gemüse und einer kleinen Portion Basmatireis essen – es kommen dann je nach Reismenge 5 weitere rote Punkte dazu. Zum Abnehmen sollten Sie sich entweder für Fleisch oder Reis entscheiden.

GERICHTE MIT HÄHNCHEN UND RIND

Hähnchenbrustfilet im Sesammantel mit zartem Lauchgemüse
Zart und lecker!

▶ Für 2 Personen
Anhaltspunkte: 12 grüne, 8 rote
⏲ 35 Min.

3 kleine Stangen Lauch · 1 mittelgroße Karotte · 2 EL Sesamöl · 1 EL Sesamsalz · frisch gemahlener schwarzer Pfeffer · ½ Gemüsebrühwürfel in einer halben Tasse Wasser aufgelöst · 200 g frische Champignons · 3 TL gehackte Mandeln · 2 Hähnchenbrustfilets (je 90 – 100 g) · frisch gemahlener weißer Pfeffer · Kräutersalz · Paprikapulver · 3 EL Sesam · 2 EL Sonnenblumenöl

– Die Lauchstangen gründlich putzen, waschen und den Wurzelansatz entfernen. Die Lauchstangen der Länge nach vierteln und in etwa 4 – 6 cm lange Streifen schneiden. Die Karotte mit der Gemüsebürste unter fließendem Wasser säubern und in kleine, dünne Stifte schneiden. Das Sesamöl in einem Topf erhitzen und den Lauch und die Karotte kurz andünsten. Mit einer halben Tasse Gemüsebrühe ablöschen. Mit Sesamsalz und Pfeffer würzen.
– Die Champignons mit einem Pinsel oder mit Küchenkrepp abreiben und in dünne Scheiben schneiden. Zum Lauchgemüse geben und noch einige Min. dünsten. Vor dem Servieren die gehackten Mandeln darüber verteilen.
– Die Hähnchenbrustfilets mit Pfeffer, Kräutersalz und Paprika würzen und im Sesam wälzen. Im heißen Sonnenblumenöl wenige Minuten von beiden Seiten leicht anbraten und zum Lauchgemüse servieren.

◀ Hähnchenbrustfilet im Sesammantel mit zartem Lauchgemüse

Rinderfilet mit Zucchinispaghetti und Kräuterseitlingen
Exklusives für Gäste und Feste.

▶ Für 2 Personen
Anhaltspunkte: 12 grüne, 8 rote
⏲ 35 Min.

2 mittelgroße, gerade Zucchini · 1 kleine Zwiebel · 150 g Kräuterseitlinge · 4 EL Sonnenblumenöl · ¼ l Gemüsebrühe · frisch gemahlener schwarzer Pfeffer · einige Stängel frische Glattpetersilie · Kräutersalz · 2 kleine Rinderfilets (je 100 g) · 2 EL Sonnenblumenöl · gemischter Pfeffer · frisch gemahlen (schwarz, weiß, rot) · Kräutersalz

– Die Zucchini waschen und mithilfe der Gemüsespaghettimaschine zu Spaghetti verarbeiten. Die Zwiebel abziehen, klein schneiden und die Hälfte der Würfel im Öl andünsten. Die Zucchinispaghetti und etwas Gemüsebrühe dazugeben und unter ständigem Rühren weiter dünsten.
– Die Kräuterseitlinge mit einem Pinsel abreiben und je nach Größe klein schneiden. Die Glattpetersilie waschen und mit dem Wiegemesser fein hacken. In einem anderen Topf die restlichen Zwiebelwürfel in etwas Öl glasig dünsten und die Kräuterseitlinge dazugeben. Mit etwas Gemüsebrühe ablöschen, würzen und die Petersilie dazugeben.
– Die Rinderfilets mit Kräutersalz und Pfeffer einreiben und von beiden Seiten in einer heißen Pfanne im Öl anbraten, sodass das Fleisch innen rosa bleibt. Die Zucchinispaghetti auf zwei Teller verteilen und die Rinderfilets darauflegen. Mit frisch gemahlenem Pfeffer betreut servieren.

▶ Variante
Sie benötigen zu diesem Rezept eine Gemüsespaghettimaschine – Sie können die Zucchini aber auch in sehr dünne, lange Sreifen schneiden, was etwas mühsamer ist, aber auch funktioniert.

GERICHTE MIT KALB UND PUTE

Kohlrabi-Karotten-Spaghetti mit Kalbsfilet

Wer sagt denn, dass Spaghetti immer aus Weizen sein müssen?

▶ **Für 2 Personen**
Anhaltspunkte: 12 grüne, 8 rote
⏱ **35 Min.**
1 großer Kohlrabi · 1 gerade Karotte · 1 kleine Zwiebel · 2 EL Sesamöl · 1 EL Sesamsalz · 1 Schälchen Gartenkresse · 2 kleine Kalbsfilets (je 100 g) · Kräutersalz · gemahlener Pfeffer · 1 TL Kräuter der Provence · 2 EL Rapsöl

- Kohlrabi waschen und schälen. Die Karotten mit der Gemüsebürste unter fließendem Wasser säubern. Kohlrabi und Karotte mit der Gemüsespaghettimaschine zu Spaghetti verarbeiten.
- Die Zwiebel abziehen, würfeln und im Öl glasig dünsten. Kohlrabi- und Karottenspaghetti und das Sesamsalz dazugeben und kurz andünsten. Das Kalbsfilet mit Pfeffer, Kräutersalz und den Kräutern der Provence einreiben und im Rapsöl von beiden Seiten anbraten.
- Die Kresse abbrausen und mit einer Schere abschneiden. Die Kresse über den Spaghetti verteilen und darauf das Kalbsfilet setzen.

Zucchinispaghetti mit Kirschtomaten und Putenschnitzel

Sommerlich lecker!

▶ **Für 2 Personen**
Anhaltspunkte: 13 grüne, 7 rote
⏱ **35 Min.**
2 gerade Zucchini · 1 kleine Zwiebel · 4 EL Rapsöl · ¼ l Gemüsebrühe · 10 reife Kirschtomaten · einige Stängel frische Glattpetersilie · 2 Putenschnitzel (max. 150 g) · Kräutersalz · frisch gemahlener schwarzer Pfeffer · 2 EL Sesamsalz

- Die Zucchini waschen und mit der Gemüsespaghettimaschine zu Spaghetti verarbeiten. Die Zwiebel abziehen, würfeln und im Öl andünsten. Zucchinispaghetti und etwas Gemüsebrühe dazugeben und unter ständigem Rühren andünsten.
- Tomaten waschen, halbieren und gegen Ende der Garzeit dazugeben. Petersilie waschen, klein schneiden und darüber streuen. Die Putenschnitzel würzen und nicht zu stark im Rapsöl von beiden Seiten anbraten. Das Gemüse auf Teller verteilen und die Putenschnitzel daraufsetzen.

Rote-Bete-Spaghetti mit Putenschnitzel und Kresse

Buntes im Herbst und Winter.

▶ **Für 2 Personen**
Anhaltspunkte: 13 grüne, 7 rote
⏱ **35 Min.**
1 große Rote Bete · 1 kleine Zwiebel · 4 EL Rapsöl · ¼ l Gemüsebrühe · einige Stängel frische Glattpetersilie · 2 Putenschnitzel (max. 150 g) · Kräutersalz · frisch gemahlener schwarzer Pfeffer · 2 EL Sesamsalz · 1 Schälchen Kresse

- Rote Bete waschen, schälen und mit der Gemüsespaghettimaschine zu Spaghetti verarbeiten – am besten mit Handschuhen. Die Zwiebel abziehen, würfeln und im Öl andünsten. Rote-Bete-Spaghetti und etwas Gemüsebrühe dazugeben und unter ständigem Rühren andünsten. Petersilie waschen, klein schneiden und darüberstreuen.
- Die Putenschnitzel würzen und nicht zu stark im Rapsöl von beiden Seiten anbraten. Das Gemüse auf Teller verteilen und die Putenschnitzel daraufsetzen. Die Kresse abbrausen und mit einer Schere abschneiden. Die Kresse vor dem Servieren über den Rote-Bete-Spaghetti und dem Putenschnitzel verteilen.

BASISCHES MIT WÜRSTCHEN

Kartoffelsalat mit Geflügelwiener
Wenn der Hunger groß ist.

▶ Für 2 Personen
Anhaltspunkte: 13 grüne, 7 rote
⊙ 30 Min.
8 mittelgroße vorwiegend fest kochende Kartoffeln · 1 kleine Gemüsezwiebel · 2 EL Sonnenblumenöl · Saft von ½ Zitrone · 2 EL Kräutersalz · Muskat · frisch gemahlener weißer Pfeffer · ¼ l Gemüsebrühe · 4 kleine Geflügelwiener (möglichst Bio, möglichst aus 100 % Geflügel) · einige Stängel Glattpetersilie · 1 Schälchen Gartenkresse

- Die Kartoffeln samt Schale im Gemüsedämpfer garen. Abkühlen lassen, pellen und auf einer Gemüsereibe in dünne Scheiben schneiden. Die Zwiebel abziehen und sehr fein hacken. Aus dem Öl, dem Zitronensaft und den Gewürzen ein Dressing bereiten.
- Eine Kartoffel mit der Gabel zerdrücken und die Gemüsebrühe unterrühren. Dann mit dem Dressing und den Zwiebeln vermischen. Die Kresse abbrausen und mit einer Schere abschneiden. Zur Hälfte unter den Salat mischen und zur Hälfte über dem Salat verteilen. Wasser erhitzen und die Würstchen einige Minuten darin sieden lassen. Zum Salat servieren.

Kartoffelcremesuppe mit Würstchen
Die isst wirklich jeder gerne – selbst der größte Gemüsehasser.

▶ Für 2 Personen
Anhaltspunkte: 13 grüne, 7 rote
⊙ 35 Min.
6 große Kartoffeln · 2 mittelgroße Karotten · 1 Zwiebel · 2 EL Sonnenblumenöl · 2 EL Sesamsalz · 1 Prise Muskat · 1 l Gemüsebrühe (aus 1 Würfel Gemüsebrühe) · 4 Geflügelwiener (möglichst Bio, möglichst aus 100 % Geflügel) · Schälchen Kresse

- Die Kartoffeln waschen, schälen und vierteln. Die Karotten mit der Gemüsebürste unter fließendem Wasser säubern und in grobe Stücke schneiden. Die Zwiebel abziehen und sehr klein schneiden und im Öl mit den Gewürzen glasig dünsten. Die Kartoffel- und Karottenstücke dazugeben und mit der Gemüsebrühe ablöschen. 15 – 20 Min. kochen lassen, anschließend pürieren.
- Wasser erhitzen, die Wiener einige Minuten darin sieden lassen, in Scheiben schneiden und unter die Suppe mischen. Die Kresse abbrausen und mit einer Schere abschneiden. Die Kresse vor dem Servieren über der Suppe verteilen.

Süßes – gar nicht sauer

Gesunde Desserts – gibt es die wirklich? Na ja, Hand aufs Herz, die meisten Desserts enthalten jede Menge Schokolade und Zucker, Sahne und was sonst noch jede Menge Kalorien und Säuren liefert. Ich finde, darauf muss man nicht verzichten – zu besonderen Gelegenheiten ist eine »saure Sünde« völlig okay. Doch wie sieht's im Alltag aus?

Nüsse mit einer Extraportion Eiweiß

Obst ist leider keine gute Idee nach einem reichhaltigen Essen, das sollten Sie lieber zum Frühstück genießen – mit wenigen Ausnahmen. Wenn mir nach etwas Süßem ist, gibt es einige Leckereien, die das schlechte Gewissen beruhigen und die Lust auf Süßes stillen.

Nüsse liefern viele wertvolle Vitamine, Mineralstoffe, gute Fette und Eiweiß. Leider auch viele Kalorien, weshalb sie nicht in großen Mengen verzehrt werden sollten. Aber eine Nussmischung als Snack fürs Büro ist immer gesünder als ein Schokoriegel. Auch als Studentenfutter mit Sultaninen gemischt sind Nüsse eine gesunde Alternative für unterwegs. Die meisten Nüsse sind zudem basenbildend: Mandeln, Walnüsse, Pistazien, Makadamianüsse, Paranüsse, Zedernnüsse, Aprikosenkerne. Die übrigen Nüsse sind nur leichte Säurebildner und sind einem Schokoriegel mit viel Zucker in jedem Fall vorzuziehen.

Auch Samen wie Sonnenblumenkerne, Kürbiskerne und Sesam können Sie einfach so knabbern. Allerdings sind die Samen in gekeimter Form (S. 56) für unsere Verdauung günstiger, weil die Samen so weicher sind und besser zu kauen, zudem sind sie als Keimlinge schon durch die Enzyme leicht »vorverdaut«. Wenn Sie allerdings Lust auf etwas zu knabbern haben, ist es in jedem Fall gesünder, Kürbiskerne zu naschen. Wenn Sie viel unterwegs sind, sollten Sie immer ein kleines Päckchen mit Nüssen, Rosinen oder anderem Trockenobst dabeihaben, damit Sie, wenn Sie Hunger oder Gelüste überfallen, etwas Gesundes und Basenreiches griffbereit haben.

Kleinigkeiten, die lecker schmecken

- Für den akuten Fall von Süßlust eignet sich auch ein Tee- bis Esslöffel reines Mandelmus oder reines Sesammus (Tahin), das Sie mit ganz wenig Honig süßen. Eventuell funktioniert es auch ohne Honig, denn zumindest Mandelmus schmeckt von Natur aus leicht süß.
- Auch eine halbe Avocado, das Fruchtfleisch mit einer Gabel zerdrückt und mit ein wenig Honig gesüßt, stillt den Süßhunger. Den obligatorischen Spritzer Zitronensaft nicht vergessen, sonst wird die süße Avocadocreme unansehnlich braun.
- Die Kombination aus Joghurt, Honig und einer kleinen Handvoll Nüssen befriedigt in der Regel auch die Lust auf Süßes. Übrigens: Wenn Sie eine Woche Basenfasten einlegen, verschwindet die Gier nach Süßem meist von allein.

Ungeschwefeltes Trockenobst

Lust auf Süßes? Auch getrocknetes Obst kann mit oder ohne Nüssen mal anstelle eines kalorienreichen und sauren Desserts gegessen werden. Trockenobst ist auch eine ideale Zwischenmahlzeit – solange es ungeschwefelt ist. In Naturkostläden und Reformhäusern finden Sie eine große Auswahl an getrockneten Obstsorten: Ananas, Aprikosen, Bananen, Birnen, Brombeeren, Cranberries, Feigen, Papayas, Pfirsiche, Rosinen. Sie enthalten zudem jede Menge wertvoller Vitalstoffe wie Magnesium, Kalium, Eisen, Zink und Mangan.

▶ **Basische Früchteplätzchen**

DESSERTS

SÜSSES – GAR NICHT SAUER

Kokos-Apfelbananen-Creme

Paradiesisch!

▶ Für 2 Personen
Anhaltspunkte: 15 grüne, 5 rote
⏲ 5 Min.
4 reife Apfelbananen · 150 g Mascarpone · 1 EL Agavensirup · 150 ml Kokosmilch (Bio) · frisch gemahlener Kardamom · 1 EL gehackte Mandeln · 2 EL Kokosflocken

- Die Bananen schälen und mit der Gabel zerdrücken. Die Bananen mit dem Mascarpone, dem Agavensirup, dem Kardamom und der Kokosmilch pürieren.
- In zwei Schälchen füllen und mit den Mandeln und den Kokosflocken bestreut servieren.

Vanille-Zimt-Joghurt mit Walnüssen

Weihnachtliches zum Dessert.

▶ Für 2 Personen
Anhaltspunkte: 15 grüne, 5 rote
⏲ 7 Min.
1 EL Honig oder Mandelmus · etwas gemahlener Zimt · etwas gemahlene Vanille · 2 Becher Naturjoghurt · 5 – 6 frische Walnüsse

- Den Honig oder das Mandelmus mit Zimt und Vanille unter den Joghurt rühren. Die Walnüsse öffnen, die Nüsse in kleine Stücke brechen und unter den Joghurt mischen.

Tipp
Nussvielfalt: Probieren Sie dieses Dessert auch mal mit gehackten Pistazien oder mit leicht angerösteten gehackten Mandeln.

Honigbananen mit Kokosflocken

Ein asiatischer Traum – auch für Gäste.

▶ Für 2 Personen
Anhaltspunkte: 19 grüne, 1 roter
⏲ 5 Min.
3 sehr reife Bananen · 1 TL Honig · 2 EL Kokosflocken

- Die Bananen schälen und der Länge nach halbieren. Eine Pfanne erhitzen, die Bananenhälften hineinlegen und den Honig darüberträufeln. Die Bananen kurz anbraten, wenden und die Kokosflocken darüberstreuen.

Tipp
Das Dessert Sie auch mal als Frühstück genießen, wenn Ihnen an einem kalten Wintermorgen nach etwas warmem Basischen ist.

▶ Kokos-Apfelbananen-Creme

DESSERTS

Basische Früchteplätzchen

Dauert ein wenig länger – aber es lohnt sich.
(Foto siehe S. 145)

▶ Für 2 Personen
Anhaltspunkte: 20 grüne
⏱ 45 Min. + 1 Stunde Quellzeit

75 g Erdmandelflocken (Chufas Nüssli) · 25 g geschroteter Leinsamen · 250 ml Quellwasser · 50 g gemahlene Mandeln · 25 g gehobelte Mandeln · 1 EL Sonnenblumenöl · 30 g Rosinen · 30 g Trockenpflaumen · 30 g Trockenaprikosen · 30 g Trockenfeigen

- Die Erdmandelflocken und den geschroteten Leinsamen in dem Quellwasser einweichen und mindestens 1 Stunde quellen lassen.
- Die getrockneten Pflaumen, die Feigen und die getrockneten Aprikosen ganz klein schneiden. Alle Zutaten miteinander verrühren.
- Ein Backblech mit Backpapier auslegen und aus dem Teig Häufchen formen. In die mittlere Schiene in den Backofen schieben. Mit Umluft bei ca. 160 Grad (Ober- und Unterhitze 175 Grad) 15–20 Min. trocknen lassen.

TIPP
Dieses Rezept verdanke ich einer Kursteilnehmerin, die vom Basenfasten so begeistert war, dass sie ganz kreativ wurde und basische Plätzchen entwickelt hat, die superlecker schmecken.

Feigenjoghurt mit Honig und Nuss-Früchte-Mix

Honig macht einfach glücklich.

▶ Für 2 Personen
Anhaltspunkte: 15 grüne, 5 rote
⏱ 4 Min.

8 ungeschwefelte Softfeigen · 2 Becher Naturjoghurt · 2 EL Blütenhonig · gemahlener Kardamom · 1 EL gehackte Cashewkerne oder Cashewbruch · 1 EL gehackte Mandeln

- Die Feigen in kleine Stückchen schneiden. Joghurt, Honig und Kardamom vermischen, die Nüsse (bis auf 1 TL Rest für die Deko) und die Feigen dazugeben. Die Mischung auf 2 Schalen verteilen und die restlichen Nüsse darüber streuen.

TIPP
Wenn Sie im Bioladen eine Feigenmarmelade ohne Zuckerzusatz finden, können Sie auch diese für dieses Dessert verwenden.

SÜSSES – GAR NICHT SAUER

Test: Wie basenreich ist Ihr Speiseplan?

Und so funktioniert der Test: Geben Sie zunächst mithilfe der Skala an, wie oft Sie die folgenden Nahrungsmittel essen. Überlegen Sie in aller Ruhe und setzen Sie die entsprechende Ziffer hinter das Nahrungsmittel. Zum Beispiel: Wenn Sie meist abends 1 oder 2 Brote mit Käse essen, schreiben Sie hinter Brot und hinter Käse jeweils eine 2.

Zählen Sie nun Ihre Punkte zusammen

170 – 210 Punkte: Bravo, wenn Sie nicht geschummelt haben, dann machen Sie weiter so. Sie ernähren sich optimal.

110 – 169 Punkte: Na ja, so optimal ist das nicht. Sie essen noch zu viel säurebildende Nahrungsmittel. Je mehr Sie zu 110 Punkten tendieren, umso umstellungsbedürftiger ist Ihre Ernährungsweise. Wenn Sie gerade so 110 Punkte geschafft haben, sollten Sie Ihre Ernährungsweise noch einmal in Ruhe überdenken.

22 – 109 Punkte: Sie sollten dringend Ihre Ernährung umstellen, wenn Sie nicht krank werden wollen. Sie nehmen praktisch nur Säurebildner zu sich, was den Organismus auf Dauer nicht unbeschadet lässt.

Wie häufig esse ich …

Lebensmittel	Punkte
Geflügel	
Fleisch von Schwein, Kalb, Rind, Wild, Lamm, Ziege	
Wurst, Schinken, Pasteten	
Fisch	
Käse	
Milch	
andere Milchprodukte	
Eier	
Nudeln	
Reis	
Brot, Brötchen	
Kuchen und Gebäck	
Zucker, Süßigkeiten	
Schokolade	
Nüsse außer Mandeln	
Marmelade	
Mineralwasser (mit Kohlensäure)	
Limonaden, Cola	
Alkohol	
Früchtetees	
Kaffee	

1 = mehrmals täglich
2 = 1-mal täglich
3 = jeden 2. Tag
4 = 2-mal pro Woche
5 = 1-mal pro Woche
6 = alle 10 Tage
7 = alle 2 Wochen
8 = höchstens 1-mal im Monat
9 = seltener als 1-mal im Monat
10 = nie

Rezept- und Zutatenverzeichnis

A
Amaranth
- Amaranth-Mangold-Auflauf 119
- Amaranthmüsli mit Banane und Apfel 52

Ananas-Brombeer-Shake
  mit Walnüssen 43
Antipasti mit Kürbis und Zucchini 88

Apfel
- Amaranthmüsli mit Banane und Apfel 52
- Apfel-Karotten-Saft mit Johannisbeeren
  und Cashewkernen 41
- Apfel-Karotten-Saft mit Roter Bete 43
- Apfelsaft mit Urkarotte
  und Zitronenmelisse 41
- Basisches Müsli 49
- Winterliches Basenmüsli 50

Apfelbalsamico-Dressing 57
Arabisches Lammragout 138
Asiatisches Putenragout mit Pak Choi
  und Shiitakepilzen 139

Auberginen
- Auberginen mit Kartoffeln
  und Basilikum 91
- Mediterranes Gemüse mit Mozzarella 94

Austernpilzcremesüppchen 150
Austernpilzragout mit Basmatireis 119

Avocado
- Avocadoaufstrich 22
- Avocado mit Frischkäse
  und schwarzen Oliven 23
- Avocado mit Joghurt
  und frischer Kresse 23
- Avocado mit Ziegenfrischkäse und Blüten
  der Provence 22
- Avocadosalat mit Du Puy Linsen 123
- Buttermilchshake mit Avocado 23
- Rohkost mit Avocadocreme 69

B
Bananen-Buttermilch-Shake
  mit Zitronenmelisse 45

Beeren
- Ananas-Brombeer-Shake
  mit Walnüssen 43
- Basenmüsli mit Brombeeren
  und Birne 50
- Basenmüsli mit Erdbeeren
  und Pistazien 49
- Basenmüsli mit Erdbeeren
  und Pistazien 49
- Erdbeershake, frühlingshafter,
  mit Minze 42
- Heidelbeershake mit Pfirsich
  und Kokos 44
- Johannisbeershake 44
- Melonenshake mit Himbeeren 43
- Müsli mit Apfelbananen
  und Heidelbeeren 49
- Müsli mit Erdbeeren
  und Gerstenflocken 50
- Nektarinen-Heidelbeer-Shake 45
- Spätsommerlicher Stachelbeershake 45

Basische Früchteplätzchen 148
Basisches Müsli 49
Bataviasalat mit rotem Chicorée,
  Kohlrabi und Schafskäse 65

Blumenkohl
- Blumenkohl mit Kräutern
  und Süßkartoffeln 102
- Blumenkohlcremesuppe 76

Bohnen-Tomaten-Gemüse
  mit Lammfilet 137
Borschtsch 81
Bouillabaisse 129

Brokkoli
- Bunter Linsensalat mit Brokkoli 123
- Mandelbrokkoli 87

Brühe mit Karottenspaghetti 80
Brühe mit Selleriespaghetti
  und Brunnenkresse 80
Brunnenkressesalat mit Wildkräutern,
  Rettichsprossen und Kohlrabiraspeln 59
Bunter Linsensalat mit Brokkoli 123
Buttermilchshake mit Avocado 23

C
Caprese 63
Carpaccio von Roter Bete 69
Champagnerlinsen mit Karotten
  und Spinat 124
Champignon-Zwiebel-Gemüse
  mit Crème fraîche 88

Chicorée
- Bataviasalat mit rotem Chicorée,
  Kohlrabi und Schafskäse 65
- Chicoréesalat mit Ziegenfrischkäse
  und Rosinen 62
- Rucolasalat mit rotem Chicorée,
  Schafskäse und Avocado 65

Cremige Suppe aus roten Linsen 124

D
Dinkelnudeln mit Kohlrabi, Karotten
  und Spinat 117

E
Eisbergsalat mit Gartenkräutern,
  Rucolasprossen und Radieschen 60
Endiviensalat mit Urkarotten
  und Kichererbsenkeimlingen 60

Erbsen
- Morchelragout mit Tofu
  und frischen Erbsen 125

F
Feigenjoghurt mit Honig und
  Nuss-Früchte-Mix 148
Feldsalat mit sautierten Egerlingen
  und warmem Ziegenkäse 62
Feldsalat mit Walnüssen, Granatapfel
  und Ziegenfrischkäse 67

Fenchel
- Fenchel mit Manchego überbacken 93
- Fenchelcremesüppchen mit gerösteten
  Mandeln 78
- Fenchelsalat mit Hirse
  und Mandarinen 63

Früchteplätzchen, basische 148
Frühlingsdressing mit Wildkräutern 57
Frühlingshafter Erdbeershake mit Minze 42
Frühlingssalat mit pochiertem Ei 68

G
Gebratener Hokkaido mit Zwiebeln 90
Gemüsebrühe mit Ei 80
Gemüsesuppe, schnelle marktfrische 74
Gemüsesuppe, sommerliche
  mit Gerste 112
Grünkernsalat mit Paprika
  und Zucchini 114
Granatapfel-Dressing 57

H
Hähnchenbrustfilet im Sesammantel
  mit zartem Lauchgemüse 141
Haferflockenmüsli mit Zitrone 53
Heidelbeershake mit Pfirsich und Kokos 44
Herbstlicher Quittensaft mit Walnüssen 41
Herbstliches Mangold-Kräuterseitling-
  Gemüse auf einem Bett von
  Süßkartoffeln 104

Rezept- und Zutatenverzeichnis

Herbstliches Pflaumenmüsli
   mit Walnüssen   51
Himbeerbalsamico-Dressing   57
Hirse-Zucchini-Spaghetti
   mit Steinpilzragout   117
Hirsotto, sommerliches   115
Hokkaido, gebratener, mit Zwiebeln   90
Honigbananen mit Kokosflocken   147

I
Igel-Stachelbart mit Kirschtomaten
   und Parmesan   87

J
Joghurt mit Buchweizen und Aprikosen   53
Johannisbeershake   44
Junger Spinat mit Polentaschnittchen   112
Junger Spinat mit Steinchampignons
   und Karotten   88

K
Kürbis
– Antipasti mit Kürbis und Zucchini   88
– Hokkaido, gebratener, mit Zwiebeln   90
– Kürbis-Mangold-Pfanne
   mit frischen Walnüssen   91
– Kürbis-Maronen-Cremesuppe   74
– Kürbissuppe mit Ingwer, Zimt
   und Kardamom   78
– Meine Kürbissuppe mit Futsu black   73
Karotten-Schwarzwurzel-Gemüse
   mit Buchweizen   118
Karotten-Spinat-Hirsotto   115
Karottenspaghetti mit Spinat   90
Kartoffeln
– Kartoffel-Butterspätzle   101
– Kartoffel-Fenchel-Gemüse   102
– Kartoffel-Mangold-Pfanne
   mit Schwarzkümmel   104
– Kartoffel-Zwiebel-Gemüse   102
– Kartoffelbrei mit Kräutern
   der Provence   101
– Kartoffelcremesuppe   76
– Kartoffelcremesuppe mit Würstchen   143
– Kartoffelsalat mit sautierten
   Pfifferlingen   67
– Kartoffelsalat mit Geflügelwiener   143
– Pellkartoffeln mit Olivencreme   101
– Pellkartoffeln mit Wildkräuterquark   100
– Petersilien-Kohlrabi mit
   Ofenkartoffeln   91
– Provençalische Ofenkartoffeln
   »La ratte«   100

– Schwenkkartoffeln mit frischen
   Kräutern   100
Klare Brühe mit Karottenspaghetti   80
Klare Brühe mit Selleriespaghetti
   und Brunnenkresse   80
Klare Gemüsebrühe mit Ei   80
Kohlrabi
– Dinkelnudeln mit Kohlrabi, Karotten
   und Spinat   117
– Kohlrabi-Karotten-Salat
   mit Belugalinsen   123
– Kohlrabi-Karotten-Spaghetti
   mit Kalbsfilet   142
– Kohlrabi-Karotten-Suppe   81
– Kohlrabi-Sesam-Gemüse
   mit Saiblingfilets   129
– Petersilien-Kohlrabi mit
   Ofenkartoffeln   91
– Zanderfilet mit Petersilien-Kohlrabi   133
Kokos-Apfelbananen-Creme   147
Kopfsalat mit Roter Bete und Kresse   68

L
Lammfilet mit sommerlichem Gemüse   137
Lauch
– Hähnchenbrustfilet im Sesammantel
   mit zartem Lauchgemüse   141
– Lauchgemüse mit Kräuterseitlingen   90
– Lauchgratin   93
– Polenta mit Lauch-Karotten-Ragout   115
– Quinotto mit zartem Lauchgemüse   118
Lammragout, arabisches   138
Linsen
– Avocadosalat mit Du Puy Linsen   123
– Champagnerlinsen mit Karotten
   und Spinat   124
– Linsensalat, bunter, mit Brokkoli   123
– Suppe, cremige, aus roten Linsen   124
– Kohlrabi-Karotten-Salat
   mit Belugalinsen   123
– Winterliches Gemüse
   mit Belugalinsen   124

M
Müsli, basisches   49
Müsli mit Apfelbananen
   und Heidelbeeren   49
Müsli mit Erdbeeren
   und Gerstenflocken   50
Müslimix mit Joghurt und Banane   53
Mandelbrokkoli   87
Mango-Heidelbeer-Shake   45

Mangold
– Amaranth-Mangold-Auflauf   119
– Kartoffel-Mangold-Pfanne
   mit Schwarzkümmel   104
– Kürbis-Mangold-Pfanne
   mit frischen Walnüssen   91
– Mangoldrolle an einem Ragout
   von Kräuterseitlingen   85
– Mangold-Kräuterseitling-Gemüse,
   herbstliches, auf einem Bett
   von Süßkartoffeln   104
– Seelachsröllchen mit Dill auf
   Karotten-Mangold-Gemüse   132
Mediterranes Gemüse mit Gnocchi   114
Mediterranes Gemüse mit Mozzarella   94
Meine Kürbissuppe mit Futsu black   73
Melonenshake mit Himbeeren   43
Minestrone mit Zucchinispaghetti
   und Parmesan   76
Morchelragout mit Tofu
   und frischen Erbsen   125

N
Nektarinen-Heidelbeer-Shake   45

P
Pak Choi
– Asiatisches Putenragout mit Pak Choi
   und Shiitakepilzen   139
– Pak Choi mit Kräuterseitlingen
   und Kartoffeln   94
– Pak Choi mit Mungobohnenkeimlingen
   und Reisnudeln   150
Paprika
– Grünkernsalat mit Paprika
   und Zucchini   114
– Paprika-Zucchini-Gemüse
   mit Schafskäse   95
– Paprikasalat mit Schafskäse   67
– Romanasalat mit Paprika
   und Pecorino   68
Pellkartoffeln mit Olivencreme   101
Pellkartoffeln mit Wildkräuterquark   100
Petersilien-Kohlrabi mit Ofenkartoffeln   91
Petersilienwurzelsüppchen mit
   sautierten Steinchampignons   79
Pflaumenmüsli, herbstliches
   mit Walnüssen   51
Pfirsich-Himbeer-Shake, sommerlicher   43
Pochiertes Ei im Glas auf Spinat
   mit schwarzem Trüffel   96
Pochiertes Ei im Glas auf Spinat   96
Polenta mit Lauch-Karotten-Ragout   115

151

Rezept- und Zutatenverzeichnis

Portulaksalat mit Urkarotten und Keimlingen
 von Champagnerlinsen 59
Provençalische Ofenkartoffeln La ratte 100
Putenragout, asiatisches, mit Pak Choi
 und Shiitakepilzen 139
Putengeschnetzeltes mit Spinat,
 Steinchampignons und Karotten 139

Q
Quinotto mit Steinpilzen 118
Quinotto mit Karotten und
 jungem Spinat 119
Quinotto mit zartem Lauchgemüse 118
Quittensaft, herbstlicher, mit Walnüssen 41

R
Rührei mit frischen Kräutern
 und Champignons 95
Rührei, sommerliches, mit Tomaten
 und frischem Basilikum 96
Rettichsalat mit Karottenraspeln 60
Rinderfilet mit Zucchinispaghetti
 und Kräuterseitlingen 141
Rohkost mit Avocadocreme 69
Rohkost mit Kräuterquark 65
Romanasalat mit Oliven
 und Schafskäse 62
Romanasalat mit Paprika und Pecorino 68
Romanasalat mit Radicchio,
 Sonnenblumenkeimlingen
 und Karottenraspeln 59
Rote Bete
– Borschtsch 81
– Carpaccio von Roter Bete 69
– Kopfsalat mit Roter Bete und Kresse 68
– Rote-Bete-Cappuccino
 mit Meerrettich-Süßkartoffel-Schaum
 und Räucherlachs 74
– Rote-Bete-Rohkost mit Crème fraîche 69
– Rote-Bete-Spaghetti mit Putenschnitzel
 und Kresse 142
Rucolasalat mit rotem Chicorée,
 Schafskäse und Avocado 65

S
Südseeshake mit Mango 42
Sabines Panzarella 63
Saiblingfilets auf einem Bett
 von Zuchinispaghetti und Treviso 130
Salat aus Brunnenkresse, Tomaten
 und Büffelmozzarella 64
Salat aus Navettenspaghetti 61
Schnelle marktfrische Gemüsesuppe 74
Schwenkkartoffeln mit frischen
 Kräutern 100
Seelachs mit Spinat 132
Seelachsfilet auf Karotten-Lauch-Gemüse
 mit Champignons 133
Seelachsröllchen mit Dill auf
 Karotten-Mangold-Gemüse 132
Shake von Minneolas und Walnüssen 44
Shake von saftigen Williamsbirnen 43
Sommergemüse mit Saiblingfilets 129
Sommergemüse mit Hirsenudeln 114
Sommerliche Gemüsesuppe
 mit Gerste 112
Sommerlicher Pfirsich-Himbeer-Shake 43
Sommerliches Hirsotto 115
Sommerliches Rührei mit Tomaten
 und frischem Basilikum 96
Spätsommerlicher Stachelbeershake 45
Spinat
– Champagnerlinsen mit Karotten
 und Spinat 124
– Dinkelnudeln mit Kohlrabi, Karotten
 und Spinat 117
– Karotten-Spinat-Hirsotto 115
– Karottenspaghetti mit Spinat 90
– Seelachs mit Spinat 132
– Spinat, junger, mit
 Polentaschnittchen 112
– Spinat, junger, mit Steinchampignons
 und Karotten 88
– Pochiertes Ei im Glas auf Spinat mit
 schwarzem Trüffel 96
– Pochiertes Ei im Glas auf Spinat 96
– Putengeschnetzeltes mit Spinat,
 Steinchampignons und Karotten
 139
– Quinotto mit Karotten und
 jungem Spinat 119
Spitzkohl aus dem Wok mit Shiitakepilzen
 und Mango 93
Staudensellerie mit Kartoffeln
 und Rucola 105
Staudensellerie-Sesam-Gemüse
 mit Oliven und Parmesan 94
Suppe, cremige, aus roten Linsen 124

T
Tomaten
– Bohnen-Tomaten-Gemüse
 mit Lammfilet 137
– Caprese 63
– Igel-Stachelbart mit Kirschtomaten
 und Parmesan 87
– Rührei mit Tomaten und frischem
 Basilikum 96
– Sabines Panzarella 63
– Salat aus Brunnenkresse, Tomaten
 und Büffelmozzarella 64
– Salat aus Navettenspaghetti 61

V
Vanille-Zimt-Joghurt mit Walnüssen 147

W
Winterliches Basenmüsli 50
Winterliches Gemüse mit Belugalinsen 124
Wintersuppe aus Steckrübenspaghetti 81
Wirsing-Sesam-Gemüse mit Lammfilet 137

Z
Zanderfilet mit Petersilien-Kohlrabi 133
Zitroniges Dressing – Grundrezept 57
Zucchini
– Antipasti mit Kürbis und Zucchini 88
– Grünkernsalat mit Paprika
 und Zucchini 114
– Hirse-Zucchini-Spaghetti
 mit Steinpilzragout 117
– Lammfilet mit sommerlichem
 Gemüse 137
– Lammragout, arabisches 138
– Mediterranes Gemüse mit Gnocchi 114
– Mediterranes Gemüse mit Mozzarella 94
– Minestrone mit Zucchinispaghetti
 und Parmesan 76
– Rinderfilet mit Zucchinispaghetti
 und Kräuterseitlingen 141
– Zucchinispaghetti mit
 Kräuterseitlingen 87
– Zucchinipfännchen mit Oliven
 und Schafskäse 95
– Zucchinispaghetti mit Kirschtomaten
 und Putenschnitzel 142
Zuckerschoten mit Kohlrabi, Karotten
 und Walnüssen 85

Stichwortverzeichnis

A
Abendessen 14
Amaranth 111
Anbau, konventioneller 30
Apfelschneider 35
Apfelsorten 46
Arganöl 54
Artischocken 17
Avocadoöl 54

B
Basenbad 16
Basenfasten 13
Basenfastentag 13
Basenfastenwoche 13
Bauchschmerzen 30
Belugalinsen 120
Bewegung 15
Bio 29
Bioaktivstoffe 38
Bittersalz 15
Blähungen 30
Braunhirse 106, 110
Buchinger 12
Buchweizen 111

C
Champagnerlinsen 120
Chateaulinsen 120
Colon-Hydro-Therapie 15

D
Dämpfen 31
Darm, Bakterienzusammensetzung 28
Darmreinigung 15
Dinkel 106
Du Puy Linsen 120
Dünsten 31

E
Einkorn 106
Einlauf 15
Emmer 106
Entgiftung 10, 13
Entgiftungsleistung 10
Entsafter 38
Entsäuerung 13
Espresso 38
EU-Bio-Siegel 30

F
F.X. Passagesalz 15
Fertigprodukte 31
Filterkaffee 38
Flavone 54
Flavonoide 46
Fleischportionen 25
Frühstück 13

G
Gemüse
– saisonal 29
– unreifes 28
Gemüsebürste 70
Gemüsedämpfer 31, 82
Gemüseküche 12
Gemüsereibe 35
Gemüseschäler 70
Gemüsespaghetti 70
Gemüsespaghettimaschine 35
Gerste 108
Geschmacksverstärker 70
Getreidearten
– glutenfrei 106
– Säuregehalt 106
Gicht 134
Glaubersalz 15
Glutamate 70
Grünkern 108
Guanylate 70

H
H-Milch 46
Hafer 109
Hafermilch 109
Haferschleim 109
Hafertropfen 109
Harnsäure 120
Haselnussöl 54
Hefeextrakt 70
Heilfasten 12
Heilkrise 13
Heiltee 15
Hirse 109
Hülsenfrüchte 120

I
Ingwerreibe 36

J
Jod 126
– Algen 126
– Fisch 126
Jugendliche 24

K
Kamut 106
Kartoffeln
– Fringilla 98
– La Bonnotte 98
– Rode Erstling 98
– Roseval 98
Kartoffelsorten 98
Kauen 28
Keimglas 54
Keimlinge 54
Keramikmesser 37
Kinder 24
Kräutertee 15
Küchenmaschine 37

L
Lagergemse 82
Lagerzeit 82
Laktoseintoleranz 109
Lauretana 15
Lebensmittel, regionale 29
Leinöl 54
Light-Produkte 31
Lymphe 15

M
Meditation 16
Milchaufschäumer 36
Mittagessen 13
Mixer 37
Motivation 14

N
Nahrungsmittel, basenbildende 17
Natriumsulfat 15
Naturjoghurt 27, 46
Nüsse 144

O
Obst
– saisonal 29
– unreifes 28
Omega-3-Fettsäuren 126
Osteoporose 46

P
Pestizide 30
Pflanzenöle 54
Pflanzenschutzmittel 70
Pseudogetreidearten 111
Pürierstab 37
Purine 120, 134

Q
Quellwasser 14
Quinoa 111

R
Ragnar Berg 7
Reifezustand 34
Reismilch 109
Restaurant 27
Roggen 108
Rohkost 30, 54
– Obst 30
Rohmilch 46
Rohmilchkäse 46
Rosenkohl 17
Rote Linsen 120

S
Sauna 16
Säure-Basen-Theorie, Ragnar Berg 7
Säurebildner, schlechte 20
Säurebildung 10
Säuregrad 34

Stichwortverzeichnis

Schlaf 16
Schweinefleisch 134
Sesamsalz 72
Snacks, basenreiche 27
Sojabohnen 122
Sojabohnenkeimlinge 122
Sojaprodukte 122
Spargel 17
Spirali 35, 70
Sprossen 54
Sprossenglas 56

T
Tagebuch 16
Tellerlinsen 120
Tiefkühlkost 31
Tofu 122
Trinkmenge 15
Trockenobst 144
Trüffelhobel 37

U
Umstellung 24

V
Verdauungsenzyme 13
Vitamin B_{12} 134
Vollkorngetreide 20
Vollkornreis 109
Vorzugsmilch 46

W
Wässern 82

Y
Yoga 16

Z
Zitruspresse 37
Zwischenmahlzeiten 14

SERVICE

Liebe Leserin, lieber Leser,

hat Ihnen dieses Buch weitergeholfen? Für Anregungen, Kritik, aber auch für Lob sind wir offen.
So können wir in Zukunft noch besser auf Ihre Wünsche eingehen. Schreiben Sie uns, denn Ihre Meinung zählt!

Ihr TRIAS Verlag
E-Mail-Leserservice: heike.schmid@medizinverlage.de
Lektorat TRIAS Verlag, Postfach 30 05 04, 70445 Stuttgart, Fax: 0711 89 31-748

Genießen Sie Ihre basenfasten Kur in unseren offiziellen basenfasten Hotels. Jetzt kostenlos Hotelkatalog anfordern: www.basenfasten.reisen

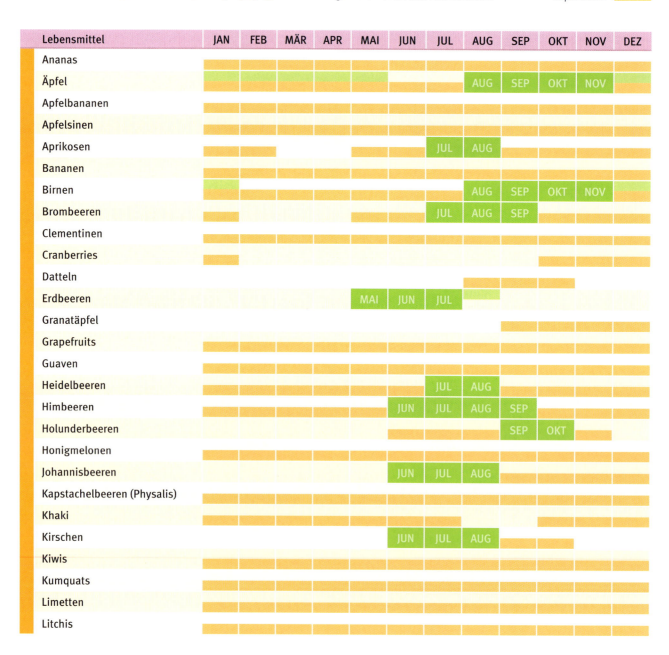

	Saison heimischer Lebensmittel											
	Lagerware heimischer Lebensmittel					Importware						

Lebensmittel	JAN	FEB	MÄR	APR	MAI	JUN	JUL	AUG	SEP	OKT	NOV	DEZ
Mandarinen	Imp	Imp	Imp	Imp	Imp	Imp	Imp	Imp	Imp	Imp	Imp	Imp
Mangos	Imp	Imp	Imp	Imp	Imp	Imp	Imp	Imp	Imp	Imp	Imp	Imp
Maracujas	Imp	Imp	Imp	Imp	Imp	Imp	Imp	Imp	Imp	Imp	Imp	Imp
Maronen	Imp	Imp	Imp						Imp	Imp	Imp	Imp
Maulbeeren							Lager					
Mirabellen							Lager	AUG	Lager	Lager		
Nektarinen	Imp	Imp	Imp	Imp	Imp	Imp	JUL	AUG	SEP	Imp	Imp	Imp
Orangen	Imp	Imp	Imp	Imp	Imp	Imp	Imp	Imp	Imp	Imp	Imp	Imp
Pampelmusen	Imp	Imp	Imp	Imp	Imp	Imp	Imp	Imp	Imp	Imp	Imp	Imp
Papayas	Imp	Imp	Imp	Imp	Imp	Imp	Imp	Imp	Imp	Imp	Imp	Imp
Pfirsiche	Imp	Imp	Imp	Imp	Imp	Imp	JUL	AUG	SEP	Imp	Imp	Imp
Pflaumen							JUL	AUG	SEP	OKT	Imp	Imp
Preiselbeeren	Lager	Lager	Lager	Lager			JUL	AUG	SEP	Lager	Lager	Lager
Quitten										OKT	NOV	
Rhabarber				APR	MAI	JUN						
Satsumas	Imp	Imp	Imp	Imp	Imp	Imp	Imp	Imp	Imp	Imp	Imp	Imp
Sanddornbeeren									SEP	OKT	NOV	
Sharonfrucht	Imp	Imp	Imp	Imp	Imp	Imp	Imp	Imp	Imp	Imp	Imp	Imp
Stachelbeeren						JUN	JUL					
Sternfrüchte	Imp	Imp	Imp	Imp	Imp	Imp	Imp	Imp	Imp	Imp	Imp	Imp
Walnüsse										OKT	NOV	
Wassermelonen	Imp	Imp	Imp	Imp	Imp	Imp	Imp	Imp	Imp	Imp	Imp	Imp
Weintrauben	Imp	Imp	Imp	Imp	Imp	Imp	Imp	AUG	SEP	OKT	Imp	Imp
Zitronen	Imp	Imp	Imp	Imp	Imp	Imp	Imp	Imp	Imp	Imp	Imp	Imp
Zwetschgen							JUL	AUG	SEP	OKT		

Saisonkalender Gemüse

Legende:
- Saison heimischer Lebensmittel (dunkelgrün)
- Lagerware heimischer Lebensmittel (hellgrün)
- Importware (orange)

Lebensmittel	JAN	FEB	MÄR	APR	MAI	JUN	JUL	AUG	SEP	OKT	NOV	DEZ
Auberginen	Imp	Imp	Imp	Imp	Imp	JUN	JUL	AUG	SEP	Imp	Imp	Imp
Austernpilze	JAN	FEB	MÄR	APR	MAI	JUN	JUL	AUG	SEP	OKT	NOV	DEZ
Avocados	Imp	Imp	Imp	Imp	Imp	Imp	Imp	Imp	Imp	Imp	Imp	Imp
Blumenkohl / Romanesco					MAI	JUN	JUL	AUG	SEP	OKT		
Brokkoli					MAI	JUN	JUL	AUG	SEP	OKT	NOV	
Champignons	JAN	FEB	MÄR	APR	MAI	JUN	JUL	AUG	SEP	OKT	NOV	DEZ
Chicorée	JAN	FEB	MÄR	Lager	Lager	Lager	Lager	Lager	Lager	OKT	NOV	DEZ
Chinakohl	JAN	FEB	MÄR	APR	MAI	JUN	JUL	AUG	SEP	OKT	NOV	DEZ
Eichbergsalat / Eisbergsalat					MAI	JUN	JUL	AUG	SEP	OKT	NOV	
Endiviensalat	Imp	Imp	Imp	Imp	MAI	JUN	JUL	AUG	SEP	Imp	Imp	Imp
Erbsen, frisch						JUN	JUL	AUG				
Feldsalat	JAN	FEB								OKT	NOV	DEZ
Fenchel	Imp	Imp	Imp	Imp	Imp	JUN	JUL	AUG	SEP	OKT	Imp	Imp
Friseesalat							JUL	AUG	SEP	OKT	NOV	DEZ
Frühlingszwiebeln					MAI	JUN	JUL	AUG	SEP	OKT		
Grüne Bohnen					MAI	JUN	JUL	AUG	SEP	OKT		
Grünkohl	JAN	FEB									NOV	DEZ
Gurken				Lager	Lager	JUN	JUL	AUG	SEP	OKT		
Kartoffeln	Lager	Lager	Lager	Lager	Lager	JUN	JUL	AUG	SEP	OKT	Lager	Lager
Knoblauch				APR	MAI	JUN						
Knollensellerie							JUL	AUG	SEP	OKT	NOV	
Kohlrabi	Imp	Imp	Imp	Imp	MAI	JUN	JUL	AUG	SEP	OKT	NOV	
Kopfsalat / Lollo rosso	Imp	Imp	Imp	Imp	MAI	JUN	JUL	AUG	SEP	OKT	Imp	Imp
Kräuterseitlinge (Zuchtpilze)	JAN	FEB	MÄR	APR	MAI	JUN	JUL	AUG	SEP	OKT	NOV	DEZ
Kresse			MÄR	APR	MAI	JUN	JUL	AUG	SEP			
Kürbis									SEP	OKT	NOV	
Lauch	JAN	FEB	MÄR	APR							NOV	DEZ
Löwenzahn			MÄR	APR	MAI							
Mangold					MAI	JUN	JUL	AUG	SEP	OKT	NOV	DEZ
Meerrettich									SEP	OKT	NOV	

Legende: Saison heimischer Lebensmittel (dunkelgrün) · Lagerware heimischer Lebensmittel (hellgrün) · Importware (orange)

Lebensmittel	JAN	FEB	MÄR	APR	MAI	JUN	JUL	AUG	SEP	OKT	NOV	DEZ
Möhren	Lager	Lager	Lager	Lager	Lager	JUN	JUL	AUG	SEP	OKT	Lager	Lager
Paksoi (Pak Choi)	Import	Import	Import	Import	Import	Import	Import	Import	Import	Import	Import	Import
Paprika							JUL	AUG	SEP	OKT		
Pastinaken	JAN	FEB	MÄR						SEP	OKT	NOV	DEZ
Petersilienwurzel									SEP	OKT		
Pfifferlinge						JUN	JUL	AUG	SEP	OKT	NOV	
Portulak (Postelein)	JAN	FEB	MÄR	APR	MAI	JUN	JUL	AUG	SEP	OKT	NOV	DEZ
Radicchio	Import	Import	Import	Import	Import	Import	JUL	AUG	SEP	OKT	Import	Import
Radieschen	Import	Import	Import	APR	MAI	JUN	JUL	AUG	SEP	OKT	Import	Import
Rettich	Import	Import	Import	Import	MAI	JUN	JUL	AUG	SEP	OKT	NOV	
Rote Bete	JAN	FEB	MÄR	APR	MAI	JUN	JUL	AUG	SEP	OKT	NOV	DEZ
Rotkohl	JAN	FEB	Lager	Lager	Lager	JUN	JUL	AUG	SEP	OKT	NOV	DEZ
Rucola	Import	Import	Import	APR	MAI	JUN	JUL	AUG	SEP	OKT	NOV	Import
Sauerampfer					MAI	JUN	JUL	AUG				
Schwarzer Rettich	JAN	FEB							SEP	OKT	NOV	DEZ
Schwarzwurzel	Lager	Lager								OKT	NOV	DEZ
Shiitake	Import	Import	Import	Import	Import	Import	Import	Import	Import	Import	Import	Import
Spinat			Import	APR	MAI	JUN	JUL	AUG	SEP	OKT	NOV	
Spitzkohl					MAI	JUN	JUL	AUG	SEP	OKT	NOV	
Stangensellerie	Import	Import	Import	Import	Import	JUN	JUL	AUG	SEP	OKT	NOV	
Steckrüben	Lager	Lager	Lager							OKT	NOV	
Steinpilze						JUN	JUL	AUG	SEP	OKT		
Süßkartoffeln	Import	Import	Import	Import	Import	Import	Import	Import	Import	Import	Import	Import
Teltower Rübchen										OKT	NOV	DEZ
Tomaten							JUL	AUG	SEP	OKT		
Topinambur	JAN	FEB	MÄR							OKT	NOV	DEZ
Weißkohl / Wirsing	JAN	FEB	MÄR	APR	MAI	JUN	JUL	AUG	SEP	OKT	NOV	DEZ
Zucchini						JUN	JUL	AUG	SEP	OKT		
Zwiebeln	Lager	Lager	Lager	Lager	Lager	Lager	JUL	AUG	SEP	OKT	Lager	Lager

Impressum

Bibliografische Information der Deutschen Nationalbibliothek
Die Deutsche Nationalbibliothek verzeichnet diese Publikation in der Deutschen Nationalbibliografie; detaillierte bibliografische Daten sind im Internet über http://dnb.d-nb.de abrufbar.

Programmplanung: Uta Spieldiener

Redaktion: Anja Fleischhauer
Bildredaktion: Christoph Frick

Umschlaggestaltung und Innenlayout:
Cyclus · Visuelle Kommunikation, Stuttgart

Bildnachweis:
Umschlagfoto: Chris Meier, Stuttgart
Fotos im Innenteil: S. 6: Chris Meier, Stuttgart; alle weiteren Fotos: Meike Bergmann, Berlin

Foodstylistin: Katja Zimmermann, Berlin

Wir danken der Firma Keimling für die Bereitstellung der Geräte Vitamix (S. 11), Greenstar (S. 18) und CitriStar (S. 26). www.keimling.de

1. Auflage 2013

© 2013 TRIAS Verlag in
MVS Medizinverlage Stuttgart GmbH & Co. KG
Oswald-Hesse-Straße 50, 70469 Stuttgart

Printed in Germany

Repro: Ziegler und Müller, Kirchentellinsfurt
Satz: Ziegler und Müller, Kirchentellinsfurt
gesetzt in: APP/3B2, Version 9.1 Unicode
Druck: AZ Druck und Datentechnik GmbH, Kempten

Gedruckt auf chlorfrei gebleichtem Papier

ISBN 978-3-8304-6831-8   2 3 4 5 6
Auch erhältlich als E-Book:
eISBN (PDF) 978-3-8304-6832-5
eISBN (ePUB) 978-3-8304-6833-2

Wichtiger Hinweis: Wie jede Wissenschaft ist die Medizin ständigen Entwicklungen unterworfen. Forschung und klinische Erfahrung erweitern unsere Erkenntnisse, insbesondere was Behandlung und medikamentöse Therapie anbelangt. Soweit in diesem Werk eine Dosierung oder eine Applikation erwähnt wird, darf der Leser zwar darauf vertrauen, dass Autoren, Herausgeber und Verlag große Sorgfalt darauf verwandt haben, dass diese Angabe dem **Wissensstand bei Fertigstellung des Werkes** entspricht.

Die Ratschläge und Empfehlungen dieses Buches wurden von Autor und Verlag nach bestem Wissen und Gewissen erarbeitet und sorgfältig geprüft. Dennoch kann eine Garantie nicht übernommen werden. Eine Haftung des Autors, des Verlages oder seiner Beauftragten für Personen-, Sach- oder Vermögensschäden ist ausgeschlossen.

Geschützte Warennamen (Marken) werden **nicht** besonders kenntlich gemacht. Aus dem Fehlen eines solchen Hinweises kann also nicht geschlossen werden, dass es sich um einen freien Warennamen handelt.

Das Werk, einschließlich aller seiner Teile, ist urheberrechtlich geschützt. Jede Verwertung außerhalb der engen Grenzen des Urheberrechtsgesetzes ist ohne Zustimmung des Verlages unzulässig und strafbar. Das gilt insbesondere für Vervielfältigungen, Übersetzungen, Mikroverfilmungen und die Einspeicherung und Verarbeitung in elektronischen Systemen.

Besuchen Sie uns auf facebook!
www.facebook.com/gesundeernaehrungtrias